家长，别那么累

徐锋——著

实现孩子
与家长
双向减负

辽宁人民出版社

© 徐锋　2023

图书在版编目（CIP）数据

家长，别那么累 / 徐锋著 . — 沈阳：辽宁人民出版社，
2023.10
ISBN 978-7-205-10802-1

Ⅰ . ①家… Ⅱ . ①徐… Ⅲ . ①家庭教育 Ⅳ . ① G78

中国国家版本馆 CIP 数据核字（2023）第 151876 号

出版发行：辽宁人民出版社
　　　　　地址：沈阳市和平区十一纬路 25 号　邮编：110003
　　　　　电话：024-23284191（发行部）　024-23284304（办公室）
　　　　　http://www.lnpph.com.cn
印　　刷：北京长宁印刷有限公司天津分公司
幅面尺寸：145mm×210mm
印　　张：7
字　　数：122 千字
出版时间：2023 年 10 月第 1 版
印刷时间：2023 年 10 月第 1 次印刷
责任编辑：贾　勇
封面设计：韩　军
版式设计：一诺设计
责任校对：吴艳杰
书　　号：ISBN 978-7-205-10802-1
定　　价：48.00 元

自序

在无数个睡不着的夜晚，习惯性地开始闭上眼睛，在记忆里寻找我在教育这条路上遇到的人、遇到的事，我享受着在梦与醒的边缘不断徘徊着的感觉，总会有一些灵感引发我的许多感悟，让我打开电脑记下这难得的"故事"。坦白地讲，这些有血有肉的真切感受都是我在一个个深夜从脑海里抽出来的情感的产物。

我愿意把自己的经历和感受表达出来，把所想所感所悟用文字的形式完整地表露出来。因为没有谁更懂得自我解剖的心碎，面对现实的无助而发出撼动心灵的呐喊。每个人都有这样或那样的不幸、沮丧、困顿、迷茫，甚至绝望。文字便成了我们表达情绪最好的出口。

　　写作的过程，其实是一种自我表达、自我交流。当我沉浸其中时，我发觉我进入了另一个空间，在那里我能够说出和现实中的家长不能讲的话，把内心深处需要表达的感受用文字呈现出来，算是一种释放。

　　然而，当我敲出每一个文字，把人和事写进故事里，才发觉，我的心很痛，似乎可以感受到当时家长的焦虑、学生的痛苦与无奈，好在只是感受，无需承担。这些人走进并参与了我的生活，让我的生活多了些滋味，我在用文字敲写他们故事的同时也解剖了自己，对每个人多了些尊重和理解。此刻，我才明白，写作或许不需要多么华丽的词藻，比起内心，比起理解，比起尊重，词藻很轻。

　　所有的文字，所有的故事，都是从心出发。倘若有缘，在您读这些故事时，静静地走进书里，我们的心碰到一起，您找到了藏在故事里的自己，或找到了您想要的答案，或让您焦虑不安的心平静下来，不再那么累。读来有那种被理解到和被支持到的感受，对我来讲是一种幸运，也是一种幸福。

　　我在本书中讲述的故事和阐述的观点，最初是和一些家长面对面交流的内容，当时这些家长为了孩子的种种而焦虑苦恼，我把遇到的人和事讲给他们听，他们惊呆了："这故事说的不就是我吗？"之后，他们焦虑躁动的心情逐渐平静下来。

此刻，我意识到他们在故事中找到了自己，看到了自己。我想，这些故事不应该被搁置，所以，我用文字展开了每一个故事。

我清楚，这些文字和故事不可能对每个家长都有帮助，展示的每个故事也不是一个用来复制的样本，而是供大家参考和思索并结合自己的情况寻找最适合自己方法的范例。我相信，某一个故事或某个故事的一段话会让有些家长心情变得好一点，这应该就是我写作的目的，我多么希望，这些文字可以走到读者的心里，慰藉您那颗焦躁不安的心。

不管处于人生的哪个阶段，向前走，都有种种的憧憬和担心；回头时，也总有些许的欣慰和反思。故事里有我在教学过程中不能表达的情感和想象，有我的思考和感悟，也有我的期许。我认为，教育其实是一个不断学习与应用、考察与改良的过程。希望有缘的朋友能把这本书当成朋友，在阅读中理解每一个人。

在书里，让我们彼此"遇见"。

目录

家长，别那么累

腊月二十六，我才回老家过年。

因为没有直达村里的公交车，父亲必须骑着电动三轮到站点去接，他怕我受冻着凉，提前给准备了厚厚的军大衣。这时候，我就会真真切切地感受到什么叫亲情。

路过北面的村子时，看到了穿着白色丧服的一群人。看到这个场景，我正准备开口。父亲却说话了："太可惜了，你大脸婶走了，因为这一股冷空气把她家的土豆全都给冻死了，实在气不过，喝农药死了。"

我们老家人都把种土豆作为收入来源。近两年，为了能让土豆早些成熟抢"鲜"上市，卖个好价钱，好多人提前一个多月种下土豆并里里外外覆盖了三层膜提高土地的温度。

父亲接着说："现在还没立春，虽然有三层膜，但地下温度达不到，土豆也长不好。等立了春，咱们家再动工……"

我的心头猛然一惊。

不知道从什么时候开始，农民似乎也有了些浮躁。农民本该是最懂得尊重生命规律，顺其自然的人，将自己的美好愿望在最合适的时节播种在肥沃的泥土中之后，便很淡定地等待最后的结果。几乎所有的农民都是这样，只管播种，并不会刻意关注地里的种子，他们知道，如果没有天灾人祸，庄稼都会自然地茁壮成长。

可这场寒潮让枯草、树木结了冰凌，也打破了土豆抢"鲜"上市卖个好价钱的梦。不知道春天什么时候来，在这个寒冷的冬天里，不指望春天来得快些，只期望春天到来时，春暖花开，一切安好。

父亲是村里有名的"磨蹭大王"。

父亲又接着说："这样还能腾出时间走个亲戚串个门，不能活得那么累。"

此刻，我便觉得平时不爱言语的父亲是如此智慧。按时节播种，等待收获的季节。速度慢一些，不仅仅是让自己喘口气，更多的是为了感受种地过程中的期待与喜悦。这样，就不会那么累！

整个腊月笼罩在阴沉沉的灰色中，少了几分生机，父亲的话让周围多了些许灵动。

周六早上七点的样子，玮良往包里放了几瓶水和一些零食，便要出门了。一起的还有他爸妈。

玮良在中间，爸爸在左妈妈在右，有说有笑。

根据出门的时间和玮良肩上背的书包，就可以推断是去上辅导班，但总有人好奇地问："这是去哪呢？"

"爬山去。"妈妈迅速回答。

然后，一家人目光交错在一起的瞬间，相视一笑，纵然大家都没有说话，却又仿佛道尽了千言万语，只有灿若霞光的笑容。

玮良望着爸爸说："下周家长会，老师让爸爸上台讲话。您准备好了吗？"

爸爸笑着说："早准备好了，就一句话：'力是相互的，孩子越痛，家长越累。'"

玮良回："想不那么累，就别让孩子那么痛。"

一家人都笑了。

他们一路走，一路聊，一路笑。

在春风摇曳中，有些美好变成了回忆。

这是一个中午。

俊宁站在楼顶对着妈妈喊道："我是你的作品，你按照你的想法去雕刻，你完成了你的作品，而我不再是我。"

妈妈歇斯底里地喊着："别，别，别跳！"

这时，妈妈只想俊宁可以健康幸福地成长就够了……

她开始后悔。

为了心中的那个"作品"快点展示，压榨了孩子自由玩耍的时间，剥夺了孩子丰富的生命体验，强势地控制孩子的人生，蛮横地灌输自己的想法，孩子生长的秩序被打乱，造成孩子的精神世界是那么的贫瘠和脆弱，孩子感到了痛苦和无助。

她终究没有走进孩子的心里。孩子用自己稚嫩的力量苦苦支撑，但压力大过他的承受力，最终他才放弃。

俊宁，从 24 楼坠落。

人处于巨大悲伤之时，一开始其实是蒙的，但真正反应过来的时候，感觉身子一下被掏空，根本无力去大声呼叫，只有眼泪止不住地流。

　　然后俊宁妈妈眼前一黑，昏了过去。

　　我一下子惊醒，原来是一个梦。

　　也就在此时，我突然察觉，孩子像极了父亲播种的土豆，都是一颗独一无二的种子，都有自己的花期。我们都在不停地寻找一套行之有效的把孩子打磨成人才的方法，可我们忽略了，每个孩子都是独立的个体，怎么会有千篇一律、生搬硬套的方法呢？对每个不同的孩子，唯有尊重和理解、支持。

　　于是，我起床开灯，坐在书桌前竟莫名其妙地提笔写下几个字——家长，别那么累。

小学·痛

夕阳西下。

大地沐浴在余晖的彩霞之中，同学们三三两两地在街道上走着、嬉闹着。他们的喜悦映衬着夕阳无限好，令我向往。

我慢慢地走着，并下意识地摘取路边花草的叶子，然后丢掉再重复。我并不想那样，或许，那时的举动能让我忘记糟糕的成绩，无聊的没有意义的举动使我变得脑残，但处于忘却烦恼的幸福之中。

我还是痛下决心要把成绩给提上去，即便当时心里明白，自己根本就不是学习的材料，再怎么努力也是徒劳。

每次下决心都是在考试分数出卖自己时做出的。看着自己不及格的分数，除了痛下决心来安慰和告诫自己以后要努力学习外，还能做什么呢！？

"大营，领奖状了吗？刚看到阿亮拿了奖状，可高兴了。"邻居二娘打断了我的思绪，将我拉回到现实的成绩之中。

"考得不好，没领到。"我低下头，沮丧地回应。发现自己还握着那绿草叶，手上沾满了草叶的绿汁。闻着手上散发的淡淡的青草味儿，走在回家的胡同里，那个曾经带给我欢娱的破旧房屋，挡住了美丽的夕阳，留下了房屋的影子。

回到家，母亲看到我沮丧的脸，已猜到成绩不理想。母亲边盛饭边说："没考好，用功了就好。"

当时不理解，那一次，母亲为什么没有和往常一样冲我吼一顿。我没有挨训，吃饭时却感觉有些不自在。

现在问起母亲，那次成绩不好，为什么不再骂我、打我呢？母亲笑着说，你那时已经念五年级，长大了，再打你别人笑话，你也用功了，学习还不好那说明我们祖上没有成才的苗子。母亲总归还是有些迷信的，又或是对自我的安慰。

不过，回忆起母亲对我的打骂，感受到里面有着太多的智慧。自从踏足教育这个行业，我更佩服母亲是位有智慧的人。如今，邻居和亲戚还会常常玩笑似的对我说，小的时候，母亲是如何打我的。

我只听，一句话也不说，只是微微地笑。

真的记不清，母亲打过我。朦胧中记得母亲打过我几次，但也模糊得想不起来了。

可以肯定的是，母亲绝没有因为我的成绩不好而打骂过我。

但是有一次打骂让我印象很深。

那年，小学三年级，村子的北面有条河，好多同学放学后都去河里捉鱼。母亲曾经多次给我下过命令——不能去河里捉鱼，一旦发现，后果可想而知。我终究没有抵挡住同学们对我的蛊惑，放学后，约起同学一路北去。

走到河边，伫立在那。西下的太阳照在湖面上，轻风吹拂着宽阔的河面泛起层层波纹，一群群的小鱼悠闲地游着，时不时还吐个泡泡。看着那么多鱼，我喜欢得不得了。

不一会儿就脱掉鞋子，卷起裤子，下河捉鱼去了。做自己喜欢的事情，时间就会过得很快。太阳光没有刚才那般强烈了，我的小桶也有一些收获，捉到了几条小小的鱼。

我正在兴头上，同学突然对我喊："大营，你妈妈来了！"

抬起头，我看到母亲正骑着车子朝河岸过来。我想母亲看到我捉了那么多条鱼，一定也会为我高兴。

我兴奋地拎着小桶，上了岸。刚想对母亲说，妈妈，看我逮了好多条鱼。

还没来得及开口，气急败坏的母亲抢过桶，连看都没有看，直接就扔到了河里，接着就在我的大腿上狠狠地拧了几下。疼痛和委屈瞬间催动了我的眼泪。不是疼痛，是委屈。

"回家，回家再打你。给你说过多少次不能摸鱼，不能摸鱼，把我的话当耳旁风！"母亲狠狠地说着，骑着车子走了。

母亲骑了一段距离，转头看了我一眼，看到我跟在后面，便加速远去了！

踏入家门，母亲正坐在堂屋门口等着我。

"这是第一次，以后再去摸鱼，小心我打断你的腿！"母亲铁着脸说。

连续几天，母亲都不搭理我。我也意识到，如果再捉鱼定会遭受一顿更加惨烈的皮肉之苦和疼痛之后的疏远与冷落。

几天后的一个晚上，捉鱼这件事都快忘到脑后时，母亲把我叫到她的面前，"大营，知道前几天为什么会打你吗？"

我摇了摇头。

"打你，是因为我害怕失去你。以后不准再去摸鱼。河水深，危险，我担心万一有个三长两短，娘怎么活呢！"母亲严厉地说着。

看着母亲，我使劲地点了点头。我知道如果再去，下次会被揍得更惨。

应该说母亲是个很会打小孩的家长，这一点很多人会感到有些不可思议。母亲打我的方式只有拧大腿，没有扇脸打头伤其自尊的动作，事后我都可以理解她是为我好，从来不觉得自己被打委屈，也不觉得母亲不应该这么做。她是非常尽责和关爱我的母亲，之所以会体罚我，都是因为我做了不该做的事情。记忆中，母亲从没有因为我糟糕的成绩而打我。

直到一年后的暑期，我才懂"打你，是因为害怕失去你"

的真正含义。

闷热的八月，很多孩子都去河里洗澡、摸鱼。好多次同学叫我去，想起上次被母亲训的一幕，没敢去！

记得一个下午，村子里的人都往北跑，男女老少都有，有哭有闹，吵吵嚷嚷。人群中，有人说，有个孩子掉到河里上不来了。

有几个年轻人，手里拿着绳子、钩子，匆匆地向北跑去。一位上年纪的老人喊着："小孩都回去，小孩不能过去，快回去。"人们都没有在意老人说什么，还是一拥而上去看热闹。

临近河岸，老的少的，相干的不相干的，都聚集在那！一位妇女正号啕大哭："快救救我儿子，快救救他……"那哭声听起来撕心裂肺、痛断肝肠。

孩子从河里打捞出来，没多久救护车也来了，车上下来几个穿白衣服的医生，在孩子胸口按了一会儿，做了很多专业的动作，对着岸上的大人们摇着头，准备离去。看到医生摇头准备离开，那妇女一个前扑，双臂紧紧地抱住了医生的大腿，撕心裂肺地哭喊着：医生，你不能走，你救救我孩子，求你了、求你了……

这个母亲显然已经崩溃了，她的表情可怜极了！是啊，这世上最可怜的母亲，就是眼睁睁地看着自己的孩子遭遇不幸却无能为力。

在这场灾难里，藏着一个苦难母亲的悔恨与自责，她一直懊恼，当初为什么没有看护好那个孩子，为什么答应孩子去河里洗澡捉鱼。

不用外人说什么，母子连心的沉痛之爱和骨肉分离的切肤之痛，已让她在过重的负罪感中余生不安！

在场的围观者无不动容！

母亲没有读过书，也不懂什么家庭教育。真的想不起母亲还因别的什么事情打过我，虽在邻居和亲戚的眼里，我小的时候挨过很多次打，这或许就是母亲的"打骂"智慧。

当然，作为教育工作者，我似乎有权利去发表一下我的看法，在此，我先提出一个词——痛感体罚。这个词跟每一个家长似乎都有关系。

我认为的痛感体罚是：在给孩子讲道理不足以引起他重视的时候，在不伤害孩子自尊和不让他内心留下阴影的前提下，通过适当的疼痛让孩子清楚做错事情的后果是很严重的。

若有人问我，成绩不好可不可以采取痛感体罚？我是百分之百反对的。

痛感体罚最不适合于学习成绩，在我的教育观念中，成绩再糟糕也不能用痛感体罚。

学习不好有太多因素影响，而并非孩子不努力的单方面因素决定！每个人都希望把事情做好，得到别人的认可和赞美。做好一件事情是需要方法的，为此，我们更多的是想办法用间接的手段激发出孩子自己想要学习的意愿。

一个孩子没有学习方法的时候，一味地打骂，只会把孩子逼到走投无路的境地。

这就好比一个不会打篮球的人，你在旁边使劲地呼喊："加油、努力，我相信你……"即便你拼尽全身力气为他打气鼓舞，他也赢不了比赛！因为他根本就不会打篮球。只有他会打篮球，你再给他鼓励，他才能竭尽全力赢取比赛，他在篮球场上的投入感和喜悦感会消解所有的累与苦！

小学带给我的痛苦，更多的是精神上的痛，准确点说是煎熬。

小学时，我的身体很不好，经常处于今天感冒明天发烧，过两天又咳嗽的状态。

那时，在学习面前，生病对我来讲是一种解脱。

在痛苦的学习中，生病，才可以让我不再学习。宁可让医生给我扎针，我也不愿在学校里煎熬着。

大约在六年级上学期，我得过一场病！

学习的痛苦让我的精神进入崩溃状态。下午放学的时候，我的大脑突然一片空白，像掉入另一个世界一样，感觉自己不再是自己，浑身轻飘飘的，一种说不出的恐惧感向我袭来。

到家后，母亲见我精神状态不佳，带我去诊所让医生瞧了一下，说有点发烧，拿点药吃，好好休息一下就好了。

第二天，脑袋还有些蒙，父亲没让我去上学，带我到城里去做了检查。

父亲带我到城里中心医院，做了脑电图、磁共振等乱七八糟的好多检查，结果表明没有什么问题，一切正常！

医生说：没什么事，好像是轻微的鼻炎，拿点药，注意休息。

医生不知道，父母不知道，我也不知道，我到底得了一场什么样的怪病。

一开始，我也只是认为自己得了脑子上的疾病，可药物的治疗，并没有缓解可怕的大脑空白感。大脑空白感、心里的恐惧感与我的学习有着必然的联系，这是我后来才确认的——学习的痛苦与煎熬让我无法用语言表达感受，便用"怪病"来替代感受。

从医院拿了好多的药，在家又输液一周，母亲见我好些了，让我明天去上学，听到"上学"二字，我的精神又开始紧张。

在去学校的路上，我心里很不舒服，内心憋闷得难受。看见学校大门时，就出现了恶心眩晕的感觉，不想迈进学校，很想逃，只能在校门附近，不断来来回回地到处走，等着时间慢慢地从身边流走。仿佛我的脑子被抽干了一样，只剩下孤零零的脑壳，我使劲地掐自己，试图用疼痛来填充空白的大脑，但终究没能如愿，茫然四顾，伫立在这艰难似乎又美好的人间。

鼓起勇气迈进学校，我仿佛掉进了另一个世界，一个与任何人无关的世界，看到操场上嬉闹的学生，却感受不到他们的快乐。一种难以形容的巨大恐惧感，迅速占据了我整个身体。浑浑噩噩地在学校待了半天，回家后告诉母亲，感觉自己不是自己。

对于这样的病，在亲戚朋友眼里是不屑的。不屑，是因为他们认为我是为不去上学而假装生病！在当时，只有"感冒、发烧"这些熟悉症状或被医生确定的病，人们才认为是真正生病，这样"无中生有"的症状，只会被当作一个人的胡思乱想，或者是逃避学习的借口！

"是不是孩子爱到了伤害，或者有什么心事？"邻居家的老奶奶关心地说。

只有我自己最清楚，所有的一切源于学习的痛苦。对于不会学习的孩子来讲，生病或许真是一种奢望。我更知道，掏走我大脑的是用学习的厌烦和畏难情绪喂养大的"怪兽"。

我逐渐明白了让我大脑空白的真实原因：屡次糟糕的成绩，让我越来越否定自己，我在内心里鄙视自己，认为自己没有出息，我认为那些学习好的人都是比自己特殊的人，他们能做的事情我根本做不到，我羡慕他们，也陷入深深的自卑之中，也因此，越来越失去和现实相处的能力。

把学习看作苦差事的学生，稍微碰到一点问题就会产生受挫心理，一旦成绩出现下滑，精神也随之进入崩溃状态。对于这类学生，哪怕说再多"加油"也只是把他们逼到走投无路的境地！

见我状态实在不好，那段时间，父母让我在家休息，不用去学校上学。

母亲虽是农村人，没有什么文化，但在我心中母亲是很睿智的，母亲清楚将来要想有所作为，上学读书是最靠谱稳妥的事情。

在家休息了一个星期，母亲见我状态好了很多，便提出送我去学校读书。一听到去上学，我便感到浑身不自在，会莫名地难受。

前面讲过，我之所以生病，个人认为是因为上课听不懂给我带来巨大的精神压力而造成的。对于不会学习，在校又没有其他事情可做的孩子来讲，辍学打工、生病住院都不失为一件幸事。只有经历过学习带来的煎熬，才能体会到这一点吧。

母亲也意识到我的状态好像与上学有关，母亲一提送我去学校，我立马就蔫了。

接下来的日子，母亲为让我返校学习，每天都向很多人询问怎么办，大部分人给的答案是：辍学，这样还可以帮着家里做些农活，等年龄大一些，可以学一些手艺赚钱贴补家用。

母亲其实是有答案的——一定要上学。

在西边镇上有一个小学，这所小学的校长是我母亲的舅舅，我称呼他为舅姥爷。舅姥爷和母亲的意见是一致的，我必须上学。

舅姥爷给母亲的建议：让我去他的学校上学，或许换个环境就会好一些。

不过，上学的路程有些远，骑自行车需要半个小时。

母亲态度很坚决，给出了两个选择：去原来的学校或者是去舅姥爷的学校。我知道没有别的抉择，我最终的选择是去舅姥爷的学校！

我宁可骑半小时的自行车去远一些的学校，是为了逃避上课老针对我的老师！但我不知道，这所学校的老师是不是也会因为我成绩不好而刻意刁难我，羞辱我。

在原来的学校，一些老师单凭成绩就否定学生的人格，在学校里就将学生分为三六九等。成绩好的学生，似乎所做的一切都是对的；成绩差的学生，就连正常的呼吸都是犯错。这类老师利用他们的"火眼金睛"不断挖掘成绩不好学生的缺点，当着全班同学的面，盯着成绩差的同学气急败坏地批评："你是有多不长记性？这题都讲了100遍了。""这么简单的试题都不会，谁给你的脸和勇气让你走神呢？"……

被骂的大多数成绩差的学生都很超然，或许是被骂习惯了，或者是被骂的同时可以让大家哈哈大笑，这也是作为成绩不好的学生唯一可以被利用的"价值"了！

我得承认心理再强大也总有跨不过的坎、忘不了的事。

一节数学课上，数学老师用他的火眼金睛对着全班搜寻了一下说："找四位同学，把课后的习题，每人一道写到黑板上面。"

我祈祷着，千万不要选到我。然而，我的祈祷是徒劳的，他的火眼金睛早就识破了每个人内心的想法。你越是不想去，他就越要让你去！

我很紧张地用力地拿着课本，脸上憋成了红色，像是即将被押赴刑场的犯人走向黑板。我知道我必须想尽办法把题做出来。

我凭着对例题的印象，模仿着解出了这道试题，可我不确定结果是否正确，因为我根本就不理解这道题。

台下的同学一片哗然，他们互相议论着：第一道题是正确的，第二道题不对，第三道题应该这样，第四道题应该那样……

我在极力地认真地听着，希望可以从他们的讨论中获得有用的信息。然而，混杂的议论声聚在一起只是让我的脑袋嗡嗡响。

"时间到了，都回到自己的座位上去。"数学老师说道。

我做好了心理准备：试题做错了，被羞辱？被骂？甚至，被打。其实，我心里很清楚，无论哪种结果，我都能承受得住，绝不掉一滴眼泪。

数学老师指着黑板上的试题得意地问道："第一题对不？"

——对。作出回应的是老师心目中的佼佼者。他们做出的答案在老师那里都是对的。

"第二题对不？"数学老师用红色粉笔在试题上狠狠地打了一个大大的叉号。

——不对。

"第三题呢？"

——不对。

……

第三道试题是我做的。错了。

错误的结果对数学老师来讲是意料之中的，倘若做对了，那就是意料之外了。

仿佛在这些老师看来，成绩不好就该没有自尊，就该没有人格！

数学老师走到我的面前，脸上露出了夸张的表情，用怪异的腔调说："我就不明白了，你脑子里面是什么？左脑是水，右脑是面，一动脑子就成糨糊了？"

全班同学瞬间哄堂大笑。在那种情况下，我像被狠狠地抽了一巴掌，我不但不可以发作，反而只能站在一旁尴尬地傻傻地苦笑。

"还能笑得出来，真有魄力！"数学老师边说边用力地拧我的耳朵。

面对他的讥讽，我一直都很超然，很淡定。当时的我认为这是"学困生"应该有的宿命。

数学老师走上讲台袖子一挽，在黑板上讲解我做错的试题，讲着讲着似乎就有些不对劲了。

老师最终算出的答案竟和我一样。我能看得出，当时他的表情很不自然，透露着些许的尴尬和失落。但是面对这种意外状况，他还在坚持盯着这道题，极力地寻找我可能犯下的错误。

最终，他放弃了。尴尬地笑着说："这道题居然让徐恩营给蒙对了呢！还是很不错的，只要认真听讲，还是可以做对的嘛……"

我已听不清他在说什么了！

不争气的眼泪像开了闸的洪水一般泄了下来，我使劲地克制自己不要流眼泪，反而流得更厉害了。喉咙像堵了东西一样特别难受，我知道这突如其来的东西是积攒已久的委屈，憋闷得太久了，竟哭到抽泣。

几年的纠葛与委屈，我终于在今天彻底地哭了出来。哭出来确实是舒服的和满足的，像是憋屈太久的孩子忽然被这个世界认可说你其实是对的，我并非傻瓜，我还是聪明的孩子……

数学老师脸上异样的表情，像严冰一样冻结。见我哭得厉害，他应该是感到了愧疚，感到了亏欠。他看着我说："这道题是我错怪你了，我向你道歉，对不起！对不起！"

我坚持认为老师对学生最好的教育是：唤醒或点燃学生对学习的欲望。即便一位老师讲课再好，然而一个不小心，浇灭了一个学生满腔热忱的学习热情，这样的过错难以弥补。

毁灭一个人或许只要一句话，培植一个人却要千句话，但愿每位家长、每位老师多给自己的孩子一些鼓励与肯定。

小学发生的事情感觉很近，然而记忆是模糊的，零碎的印象也没有时间顺序，我很难找出一条逻辑清晰的线来叙述，便只能把模糊成一团的事情分开去讲。还是说转学的事情。

没经过多少手续，我就办了转学。

这个学校的老师，和原来的老师不一样，这个学校的同学特别友爱，对我特别好。

老师对我很是关心，听不懂的知识，课下会单独给我讲。那个时候，即便老师单独给我讲，可还是有很多的题目听不明白。无论我如何努力专心听讲，脑袋似乎只会提醒我这道题我不会，不肯接受老师所讲的知识。

做了十多年的教育工作，我也对当时的自己做了一个简单的剖析，之所以老师单独给我讲，很多题目我还是听不懂，是因为受到自我观念的约束。小学六年级之前，我一直都认为自己是不适合学习的，是个傻瓜，我羡慕那些学习好的人，觉得他们都是比自己强的特殊人。在我学习的时候，我的脑海里一直在不断重复这些观念，那个时候我的思维处于涣散状态，老师在讲课的时候，其实我一直都在担心自己听不懂，注意力汇聚到了为听不懂找借口上来，没有集中在思考问题上，是没有办法把学习搞好的。

由于我基础本来就弱，再加上前面生病落下很多课程，舅姥爷怕我有压力，特意嘱咐我只管在学校上课，学校里面的考试不用参加！没有考试的压力和成绩排名的恐惧与尴尬，果然，我感觉学习也并不是很痛苦的。

课间，同学们会和我一起玩耍、嬉闹。实话讲，那段时间，对学习不再感到恐惧，慢慢地我开始觉得学校生活是有意义的。

我知道，这种恐惧感和焦虑感的消失，根本原因是我只管学习，不用考试，不用再承受那么大的压力。有时候，可能是因为太多的顾虑蒙蔽了双眼，才会感觉到焦虑和无助。

小学时，我肯定自己是"学困生"。

转学后，我的数学老师是年轻的女老师，谈不上美丽，但是给人的感觉是舒服的干练的，一举一动里透出涵养、聪慧与贤达。

一个真正专业的好老师，讲完某一个知识点或一道试题后，可以从学生的眼神和表情中体会出学生对这道试题的理解程度，而不会刻意去刁难某个学生。那个时候，我的数学老师课堂上提问我的问题我大多数是会的。

有一次，数学老师提问了我一个问题，我支支吾吾地说不清。

老师见状不急不怒，她略带自嘲地说：我会努力备课的，提升自己的能力，把你们全部教会。同学们，你们要知道你们不会的原因，是由于老师教学水平差，不过你们放心，我会努力的！

我没有料到数学老师会这样说，一下子，我也释然了。

然后，老师有条不紊地开始讲解这个题目。氛围是轻松的，心情是愉悦的，听课的时候注意力便汇聚到了一起，自然就学明白了。

数学课上没有了之前的压抑感，得到老师的尊重、认可、赏识，自主学习的动力也就变强了。时间久了，就会明白对老师的喜爱更多地源于老师对学生尊重、鼓励、赏识、平等对待的态度。爱上一门课，可能仅仅是因为一位老师。

作为一名老师，不仅仅是学生学习知识的引导者，还得让学生喜欢我们。现在的孩子都很感性，他们很多时候不会喜欢自己所讨厌的那个老师的科目。对老师来讲，有学生讨厌他，其实没什么影响。可对学生来说，那就成了伤害，至少这门科目的成绩基本不会太高，甚至有学生专门和老师作对，直接放弃了这门科目，最后中考或高考落榜，失去进入自己曾经梦寐以求的学校学习的机会。

我的经历让我明白作为老师应该如何去做，老师不单单是传授知识，讲解应试技巧，让学生都考到高分。在这个浮躁的社会，不少老师也因为追逐名利而变得浮躁。我想对这个问题解释一下，通过互联网能查到太多老师都不知道的知识，所谓解题技巧也只是某一块知识熟练掌握后总结出的经验罢了。

我们给很多学生讲了很多的知识和解题技巧，总有很多学生成绩还维持在原地，甚至倒退。为何？学生只是暂时记住了老师讲的所谓的技巧，并没有通过自己的脚踏实地，通过自己知识量的积累，通过自己对知识的熟练应用去感悟这些技巧。

这些技巧变成了表象。

渐渐地，我发现了一个现象：应试教育下家长和老师们集体焦虑，为了让孩子考出好成绩，家长们不断寻找提分专家，老师们尽可能多地讲题型、讲考点，学生就某一阶段的测试都能考出好的成绩。可是，只要不上辅导班，或者寒暑假不衔接，学生便会感觉学习特别吃力，成绩也会出现下滑。这样的辅导只会不断削减孩子的学习能力，浇灭学生的学习兴趣。

我们在教育孩子学习这件事情上，要知道比知识重要的是学习能力，比学习能力重要的是学习兴趣。我们一旦在学生身上培养出了学习兴趣，那么学习能力就非常容易培养起来。而有了学习兴趣和能力，那学习知识就是一个快乐的过程！

在这个家长集体焦虑的时代，很多家长都经历过内心激烈的撞击，他们一方面整天跟孩子说努力刻苦学习，喊着"好好听讲，认真完成作业"等空洞的学习口号，焦虑迷茫地寻找名师，另一方面又不断打击孩子的自信心，吼道"我就知道你办不好这件事，这道题你都不会……"，对孩子进行伤害性的批评。

但每个家长都清楚，他们所做的一切，都是想让孩子变得更好、更优秀。只是他们在教育孩子上缺少了智慧和能力，看不到事情的因果关系。本以为这样说，孩子会做出改变；本以为这样做，会让孩子变得更优秀。结果，事情变得更糟了。家长要明白：我们要通过一言一行去引发孩子成长的动力，而不是破灭孩子成长的内在动力。

时间像风一样，把记忆里的往事吹得越来越模糊，模糊到童年就像做了一场梦一样，已经显得不再那么真实。

我开始认真地回想那些只会模糊、终不会忘记的事。

事情之所以没有忘却，是因为它已经在潜移默化地影响着我现在的教育工作。我常想我上学时的经历，常把自己想象成所教的学生，感受他们在学习上的快乐，也感受学习给他们带去的辛酸与艰难。学习这条路，我走过，也感受过，我真真切切地知道其中的快乐、价值感，当然，也有痛苦与煎熬。

回忆我的小学，我明白：一个人不清楚做一件事情的方向，只是被迫重复做无意义的事情，这样就会产生痛苦的感觉。对小学时的我来说，学习正是这样一个过程。无论老师和家长如何逼迫我学习，都是没有任何用的，在学习中我只是感受到无尽的煎熬和痛苦，没有丝毫成就感。

我的小学生活，多数时光并不美好，但那段经历让我意识到，教育学生，要选择正确的方式。

很幸运，这些亲身经历，这些磨难，让我在教育的路上学会了等待，懂得了理解。

中学·苦

学习确实不是痛苦和煎熬的，这是我上了初中才逐渐意识到的。

在此之前，学习对我来讲，的确煎熬！

当过学渣和学霸的我明白了学习是一件辛苦的事情，学习过程都是辛苦的，但是辛苦通常有两个层面：第一个层面是具备较强的学习能力，只是行走路上布满了荆棘，这种学生是苦并快乐地行走着。第二个层面是没有学习方法和能力，被家长和老师逼得到处碰壁，庸庸碌碌、痛不欲生！

暑假总是短暂的，一眨眼就过去了。开学日期越来越近，我有些惊慌。9月1日，意味着我将成为一个中学生了，但我还沉浸在假期里和小伙伴玩得不亦乐乎之中。我的惊慌，纯粹是因为害怕学习给我带来痛苦。

我们都知道，谁也无法阻挡时间的流逝。每个人总有一些事情是想逃避的，可是时间会慢慢地走来，该发生的事情必然会发生。当然，时间也会慢慢沉淀，让有些事情在你心底慢慢模糊。

我读的中学在镇上。班里的学生都来自各个村里，彼此都不认识，也都不了解。之前在小学时谁是学霸，谁是学渣，都成了过去式。在这个新的环境里，把小学所有的好与坏都隐藏了起来。老师，也没那么轻易就能发现在此之前每个人的学习情况。

一些细节似乎可以蒙蔽老师的眼睛，让老师做出错误的判断。然而，老师也会根据学生的行为以及他做出的事，来判断他之前的学习情况。

当一个微胖的年轻男子走上讲台的时候，教室里面忽然一下静了下来。这个男子脸上洋溢着和蔼的笑容，儒雅的外表，朴素的衣着，像极了电视剧中的教师形象。

的确，这就是我的班主任，也是我的数学老师。

我能感觉到，准确地说，是大多数同学都能感觉到他带着某种期望的目光，如同阳光一般给人前进的力量。仿佛要把自己的一切都传递给每一个孩子。

"各位同学，不要讲话了，安静！我来做个自我介绍，我姓邱，名锐。我是大家的班主任，同时也是你们的数学老师。我留五分钟的时间，大家先和自己周围的同学熟悉熟悉，一会儿呢，每位同学再走上讲台做个自我介绍，彼此都认识一下。"班主任微笑着环视了一下全班同学说。

接下来，整个班里顿时热闹了起来。

"嗨，我叫徐恩营，你呢？"我望着同桌的侧脸说。

"我叫肖凤。"她转过脸微笑着说。当肖凤转过脸的那刻，我才发觉她很美，一股之前从未有过的莫名的紧张感在我的内心涌动，后来我明白这是随着青春期的到来，我们的心理和生理都发生了一系列的变化，便萌发了对异性的好感或害羞之情。这是一件正常的事情。

"额，那你姓什么呢？叫什么小凤？"我带着一丝紧张发出疑问。

不知道哪里好笑，她竟扑哧一声笑了出来："同学，我姓肖（xiāo），不是小（xiǎo），懂吗？"

"还有姓肖的，你这个名字真好听。"实话说，我当时有些尴尬。

"好听吧。那就记住吧。"

她的眼睛转动着，嘴角调皮地扬上去，穿过窗户的风吹拂着她的头发，我竟然害怕和她对视，赶紧低下了头。

首先吸引我的是她的外表。然而，交谈后我能感觉到她身上散发出的教养和善良，总会给人一种很舒服的感觉。

同桌之间，前后位之间，都在彼此自我介绍认识。同学们脸上露出的表情，像是曾经共同经历过什么，在久未谋面之后彼此的关心。

"同学们，安静！从第一排的左边起各位同学依次走上讲台给全班同学做自我介绍。"邱老师做了一个安静的手势。

"大家好，我叫张伟，我喜欢踢足球。"

"大家好，我叫邱莉莉。"

"大家好，我是陈天旭，我有很多爱好，喜欢篮球、足球、音乐，我还会武术，我学习也很好，数学几乎每次都能考满分，我呢，还会写诗。在小学，我一直担任班长，今后在我们这个集体里，我也会努力学习……"

"同学们好，我叫赵乐乐，乐是快乐的乐，希望我可以带给大家快乐。能和大家一起在这里学习我很开心，在以后的生活和学习上，希望能得到大家的帮助。我也愿意给大家提供力所能及的帮助，愿意和大家成为好朋友。祝大家学习进步。"

……

一些同学着急忙慌地介绍完名字后赶紧回到座位上；一些同学则长篇大论平淡无味地讲了好长时间，自己都弄不明白讲了些什么；一些同学语言简短幽默，又表示出了友好。

快轮到自己时我紧张了，我找不到合适的内容去表达。适度的紧张可以调动人的智慧，往往会急中生智。我想到可以把自己的名字写在黑板上。

我尽量让自己淡定地走上讲台："大家好，我叫徐恩营，很高兴可以和大家一起学习，以后的学习生活我们还要一起度过，希望以后我们好好相处，留下一段美好的回忆。为了让大家记住我的名字，我把名字写在黑板上。"

说着便拿起粉笔，转身在黑板上写下了自己的名字——徐恩营。

顿时底下发出了一些惊叹："哇，写得好漂亮啊！"

我知道，我在黑板上写下名字的目的，同龄人当中，我写的字是值得炫耀的。之前讲过，我小学成绩很糟糕，为了假装出学习的样子，按照课本上的字体，模仿着去写好看的字成了一种乐趣。那个时候，只要你趴在一个地方写字，别人就会认为你在学习。

曾经付出的努力，或许，当时看来好像没什么，其实早已慢慢地积攒成了现在的幸运！徐恩营，简简单单的三个字，成功地蒙蔽了老师和同学，把之前的学渣当成了学霸。

我很明白，我后来的学习成绩得到提升与肖凤有着很大关系。

正处于青春期的我们，大部分的孩子不可避免地会对异性产生好感，这不足为奇。每个少年的青春都应该有一个了不起的梦想和一个美好的他（她），是长大后回想青春年少时的一段美好回忆。单纯的好感，或者说不单单是这些，而是肖凤治愈了我，让我由名副其实的学渣变成了实实在在的学霸。

其实那个时候的我们很傻很天真，根本不懂所谓的恋爱。我只是想好好学习，然后去给她讲题，给肖凤讲题的过程，总能让我得到一股持续努力学下去的力量。

讲道理固然可以促使孩子奋发学习，但是情感也非常重要。

有明确的学习方向，掌握了学习方法，情感就是让学习持续下去的血液，这里的情感可能是亲情、友情，或者是自我价值认同感，如果缺少情感动力，学习是很难持续下去的。

从我个人的学习经验和教书经验来看，物质需求的满足与孩子努力学习没有必然的联系，孩子的学习是凭着情感的驱动，付诸行动，得到了快乐的强化，才形成了一种良性的习惯。

人的情感和观念会不同程度地受到别人下意识的影响，会不自觉地接受喜欢、钦佩、信任和崇拜的人的影响和暗示。在肖凤的心里，我应该是一个学霸吧，她不会的试题总会问我，为了给她讲好每道题，我买了辅导资料，废寝忘食地超前学习和深入学习，为了在讲题的时候能够更熟练，多告诉她一些解题方法，注定要付出辛勤的劳动及投入大量的时间。

这种付出是辛苦的而不是痛苦的，会给人力量感、成就感和存在感，特别是把肖凤教会后，她用钦佩的眼光看着我的时候，总能给我持续学习下去的力量，这种激励是一种无形的力量，令人越发积极。

充实快乐的日子总是过得很快。

还未来得及准备，就要月考了。对于考试，我是害怕的，产生了恐惧抵触的心理（现在回过头来分析，是因为我小学时成绩很糟糕，导致自我感觉及自我评价较低，不能全面客观地评价自己，产生了自我否定）。

我担心着、恐惧着等到了考试那一天。试卷拿到手开始作答，刚开始我很紧张，做着做着发现这些试题很多都是肖凤问我的，我的心激动又兴奋，怦怦跳个不停，似乎我身上的每一根汗毛都有跳动的欢畅，心里暗想，这次应该会考好。

三天后，考试成绩出来了。

好多同学都跑到老师办公室查看自己的成绩及班级排名，而我还受小学阶段的影响，很害怕知道自己的考试成绩。

"你知道你考了第几名吗？"肖凤高兴又神秘地说着。

"不知道，应该不好吧。"

"你总分考了班级第二名，数学满分。你太厉害了……"

"真的吗？我去办公室看看。"我惊讶地问。

我走进办公室，班主任对我说："徐恩营，你这一次考得不错，继续努力保持！"

我傻乎乎地不知道说什么，只在一旁傻笑。

看到老师桌上成绩及排名的那一刻，我知道，我才算真正地把住在我脑子里的那个"学渣"推出去。我也知道，是这一次的成功体验，让我对自己有了肯定。

自信，主要来自成功体验，其实跟你和孩子讲了多少道理，跟你鼓励表扬孩子关系不大。

从那以后，一股莫名的激情在我的内心涌动，这一次的感受一直震撼着我，让我经历了"我能行"的体验，产生了"我还能"的想法。

我时常想，如果那一次月考的结果是糟糕的，我是不是就会像现在厌学的孩子一样天天逃避去学校。学习这条路并不一定好走，时不时给我们带来悲伤和泪水，但它又总在不经意间展现温柔，请相信，只要我们不断地寻求方向和方法，这条路上的光亮总是多过黑暗，欢乐总是多过痛苦。

或许很多人会在不知道如何学习的情况下，采用最容易掩饰或者最常用的借口：学习不认真，学习不努力。

好多时候，并非我们学习不认真不努力，而是因为没有明确的方向和有效的办法，使出浑身解数却找不到出路，一次次起飞反反复复被撞，最终被撞得鼻青脸肿，心灰意冷、精疲力尽，然后对原本所希冀的东西绝望。

有了方向和方法，沿途的一切都是风景。

　　那个年龄的我们，突然开始喜欢照镜子，很多学生的桌子里都会有一个镜子，不管是上课还是下课都会拿出来臭美一下，笃定自己是最好看的。也有同学身不由己地用镜子望着自己喜欢的人，有时候不经意地对上了眼，吓得猛地收起镜子来故作端庄。

　　学校规定统一午休，好多学生在午休醒来的第一件事就是洗脸摆弄头发，发型满意之后再去上课，不知道是那个年龄段都这样，还是这种行为传染，我也很喜欢摆弄完发型再去上课。

　　一次午休完，宿舍的几个同学都在捯饬着自己的发型，一位同学猛然大叫："还有三分钟就要上课了，快迟到了！"大家默契地迅速丢掉手中的镜子和梳子，向教室方向飞奔而去。

　　刚踏进教室就听到了生物老师愤怒的声音："站住！"

　　我们都意识到，我们迟到了。

　　老师的脸因愤怒而扭曲了，怒不可遏地吼着："一点时间观念没有，你们来学校是干什么的！你们这种行为不只是浪费你们的时间，还会耽误大家的时间！"

　　这时，教室里鸦雀无声，一股紧张的气息弥漫开来。我们几个同学羞愧地低下了头，不敢看老师。

老师把积压在心里的怒火宣泄出来，声音也变得缓和起来："我提问几个问题，回答正确就可以回到座位，回答不上来的站在门口听课。"

老师提了几个问题，其他同学没有答出，而我却轻松地回答出来。

老师或许一开始就不想让我们回到座位，他只是想通过提问题刁难我们，来强调：学习不好还迟到。

生物老师并没兑现他的诺言，让我回到座位。

他接着提问，但接下来的几个问题，是今天要学的新知识。瞬间，教室里响起了哗啦哗啦的翻书声和一些同学的嘀咕声。

这几个问题，我也回答出来了。我听到了同学们发出的惊叹声。或许，这一刻，在很多同学眼里我成了学霸。

这样的结果，让老师失望中又带着欣喜："回答得确实不错，回到你的座位。以后记住，即便知识都会了，也不能迟到。"

我暗自得意，心想，幸亏今早背诵了。

不知道从什么时候开始，我养成了一个习惯，就是每天早上我会比其他同学早起半小时，到教室后对照课程表，把今天要上的副科的书本拿出来，第一是背诵上节课所学的知识，第二是预习今天要学的内容。倘若时间充足，我还会把之前学的内容系统地串一遍。

关于背诵，我从不摇头晃脑地背。我首先是理解本节课的内容意思，在脑子里形成一个结构图，合上书背诵知识点，卡顿时就打开书读两遍再背，并且使劲记住卡顿地方的关键词，或把卡顿地方的关键词写下来，带着某种目的去记忆，印象便会深刻。就这样，我一直采用"间隔复习反复记忆"的方法，也没有在期中、期末之前突击背诵，每次的成绩我都稳居班级前列。

每次快要期末考试，好多同学就像换了一个人似的，没有了往日的疯狂，开始你追我赶地复习，都在抓紧每一分每一秒，在很多人眼里，这就是努力。而我觉得，这是一种懒惰。这样的努力并没有换取多么优异的成绩，没有方向和基础方法的努力，其实是另外一种形式的懒惰。

考试前的几天，我并没有废寝忘食地拼命学习，而是和往常一样，倒是觉得比之前轻松了许多，是因为复习的内容都会，便不那么紧张和焦虑。这个时候开始大面积反复、充分联想，整体把握。没有平时的温故而知新，很难悟透真理，更不会在考试中获得解题灵感。学习，只有通过点点滴滴的努力沉淀，才能收获厚积薄发的惊喜。

慢慢地，便发现学习是有一个程序的，在自我认可的基础上，只要按照这个程序完成学习任务，好成绩是一定会有的。

关于自我认可，我想多谈一下。目前家长迫于升学的压力，普遍关注孩子的成绩，却忽略了孩子"寻找自我"和饱受"认同危机"之苦。在这样的学习环境中，学生的自我观念（我适合学习，我很聪明或我不适合学习，我是傻瓜）很明确，尽管学生没有多少选择的余地，但心理上的安全感是绝对可以保障的。倘若学生在学习上不认同自己，辅导老师也不帮助他们意识到自己适合学习，总是以刷题讲题的方式对学生辅导，那么，可怜的学生就陷入了"反复证明自己是个傻瓜"的困境。

发展稳固的认同感才是学生学习生活中不可回避的主题。老师应帮助学生清晰地意识到自己的认同感和学习上的恐惧、怀疑、否定及其与成绩之间存在的关系。

当我们感觉自己不适合学习，不具备学习天赋时，当务之急是借助辅导老师的帮助来体验并说出自己适合学习、相信什么、感受如何以及想要什么。这时，才会产生努力发展强大的、协调的自我认同感。

接下来的话题，是关于好成绩、坏成绩和我的各种故事。

成绩可以回答你学习中大部分的为什么和凭什么！

期中考试过后，每个人都知道了自己的考试成绩，一些同学欢喜一些同学忧愁，忧愁的同学不单单是担心自己的成绩，更在意的是自己的成绩影响了自己的座位。考试前，班主任就说，靠自己的成绩和进步的名次来选择自己喜欢的座位。

我们班的调位，不是同学们按照个头高矮站在教室前边的走廊里，依次被安排进七竖行小桌的教室里，不是制造新鲜感来换一种新的感觉。我们班的调位方式很简单，你想坐到好的位置，得靠成绩。

之所以用这种方式安排位置，班主任也说出了原因：有的家长打电话给我，说孩子上课看不清黑板，听不清老师讲课，出于仁慈，我会给同学调位，但这是个大工程，一般要动三到四个人，才能互相满意。这样大的工程，太伤脑筋，为了我的健康和你们的将来，我提前告诉你们社会的生存法则——靠实力取胜。

班主任把排好名次的期中成绩表格贴在教室门口的右墙上说，看到自己的成绩后可以到走廊里排好队，我们听话地有顺序地站在走廊里，只剩一片孤独的桌椅在那，班主任开始念名字对应的成绩及进步的名次。

念到的第一个人是张小江，他不是第一名，而是进步最大的，一下子进步了23个名次。张小江心情美极了，开心地走到自己喜欢的位置。

念到的第二人是我，我再一次取得第一名，我还是选择了之前的位置，因为挪动位置挺麻烦，况且我之前的位置就是很好的位置。此刻，我内心充满了自豪，甚至觉得特别戏剧性，之前的倒数第一拼到了正数第一。任何结果都是有原因的，之前学习时总觉得自己笨，别人都是有天赋会学习的孩子，上课总是害怕被老师提问，一直怀揣着这种害怕、担心的心态去学习，考倒数第一是正常的。现在会学习了，因为觉得有意思，因为喜欢，全身心投入到学习中去，成绩自然好了。

同学们也都陆续选好了自己的位置。上学换座位，和喜欢的人同桌，是最幸福的事。越靠后的同学，越表现得不情愿，可规则是进步的同学优先选择，退步的只能选择剩下的位置。

对学习怀有敬畏之心，不亵渎，不玩弄，好的成绩就是奖赏。

对学习有了轻视之心，成绩是不会撒谎的，会狠狠地出卖你。

高二时，我开始膨胀了。

因为好的学习习惯和方法，我的成绩一直稳居班级前列，很多人开始吹捧我了，把我奉为天才学霸，说的人多了，自己也信了，很快就陷了进去。

我每天都沉迷于那种学习好、踢球又好，在学校既能学又会玩，到哪都吃得开的感觉。

那个时候，每天的最后一节课都是自习，我的胆也挺肥，逃避自习课去踢球，在球场上我掌握着自己的节奏，用最佳的表现躁动球场，围观的同学时不时会喝彩尖叫，他们极力地鼓动着，让人忘记理性，让人着迷。

走在路上，偶尔能听到别人议论："就是他，学习很好，球踢得也很厉害。"

人，有时真的很蠢，会莫名地在意别人对自己的评价和看法。

当我听到这些话时，真的整个人都飘了。

白天上课也没有心情了，总盼着快点到下午的自习课，当脑子里有别的事情参与进来时，大脑便不受控制，作业也不愿做，总是应付了事地抄一下。

终于，在一次联考中，我考了个稀巴烂。

所有科目都一团糟，记得最清楚的就是数学满分150，我考了97分，班级排名因此掉到了第23名（班里有60人，之前我稳居前三名。）

看到这个成绩，我的心情跌到了谷底，一整天都恍恍惚惚的。其实我知道我难过什么，因为成绩的下滑而丢失存在感，周围的同学会怎么看待我，会讲出怎样的话来嘲笑我，我感到极度的恐惧和极度的难过，两种感觉交织在一起向我袭来，我压抑，憋闷，喘不上气。

晚自习后，回宿舍的路上，一室友玩笑着说："你啊，犹如一颗陨落的流星。"

我自信地说："哥们儿，你要相信柳暗花明的美好。"

现在的果，是以前的因。我决定不再去踢球，一雪前耻。

在学习上吃透错题是很高效的方法，我第一步就是处理联考试卷上的错题，这时我才明白，当你实力不济的时候去做那些做不到的事情，只会让你痛苦，会让你陷入持续自卑的阴影之中，让你自我否定。

前段时间落下了太多知识点，现在要重新开始会有很多的麻烦，我看着错题，脑子像灌了糨糊一样，注意力根本集中不到错题上，下意识地把视线挪开看向别处。

这时一种奇怪的似曾相识的感觉涌上我的心头——小学时那种自我否定的感觉。

幸运的是我有过从学渣到学霸的体验，因此，面对类似的情况，没有了小学时的那种强烈的无力感，没有万念俱灰。这次经受的痛苦或许只是对学习懈怠的一种成本而已。

我不知道其他学霸是怎么学的，不知道他们的独家秘笈是什么。

我的方法简单粗暴直接，至少对我来讲非常实用。

那就是搞错题！

不知道你们有没有发现，每一章的每一节都有那么几个万变不离其宗的典型例题，很多时候，我们在学新的知识时，一开始的测试都不太理想，随着对知识点的理解以及对试题的熟练，成绩会稳稳地保持住，这里的核心要素就是吃透了典型例题。

我也见过很多学生不断地刷题，最终成绩还是不理想。刷新题和做错题是有区别的，刷新题是为寻找漏洞，做错题是为堵住漏洞，当我们发现漏洞越来越多时，就会越害怕越紧张越烦躁；当我们堵上的漏洞越来越多时，就会越从容越轻松越自信。

可很多学生一直喜欢走在寻找漏洞的路上，却忽略了堵住漏洞。

接下来谈一谈，我是如何做的。

首先，我找到联考中所有的错题，自己把错题重新做一遍，筛选掉粗心大意造成的错题，剩下的就是真正不会的试题。

第二步，也是最煎熬的一步。不会就要问，问老师也行，问同学也行，谁会就问谁，不要有思想负担，问问题不会让你丢掉面子，你考出好成绩就会有面子，面子是自己挣来的。另外，还要强调一点，一些试题可能老师讲完之后你还是不会，这并不代表你笨，可能是这个时候你的知识储量还不足以解决这个问题，随着知识量的积累，某一天不经意间这个题你就会了。

第三步，是关键的一步。落实，动手做一遍。听懂了不代表会做了。听懂后在考试中可能还会出现这样那样的错误，有一种悔不当初的愧疚感，这个道理非常浅显，"知道"远远比"做过"容易得多。这就好比我告诉你我家的地址，你没有来过，第一次来的时候你会找小区门，找楼号找单元找房间号，不那么轻车熟路，可能还会找错地方，当你来过之后再来就会轻而易举。有思路比完整标准的书写步骤容易得太多。听懂而不会主要是因为对问题思考的主动性不足，不善于分析条件和问题之间的关联性，虽然一听就懂，但是光听而不改变被动灌输的特性，是不会进步的。成年人何尝不是这样呢，晚上想来想去似乎有很多条路都能通向成功，可早上醒来还是会因为各种原因只走原来的路。

第四步，隔两三天把错题再做一遍，倘若还错就要做标记，思考再次出错的原因。可以再在有启发的题目旁写上一些感想和思考，但不要写太多自作多情的文字浪费时间。

时间，每天都在悄无声息地流逝，轻盈而安静，沉浸式的学习可以压制身上的躁动，时间在全力以赴的日子中渐次厚重，充实且有了价值。

我最终在接下来的期末考试中又取得了第二名的成绩。

经过这件事我深刻地体会到了"敬畏"这个词，如果对事情玩弄、蔑视、亵渎，当时感觉什么事情也没有发生，最终的结果一定会让你理解"敬畏"的含义。

只有经历了，悟了，才会如梦初醒，才会成长。

我知道，这一次我又成长了些许。

我忽然想到佩内洛普·菲兹杰拉德《离岸》中的一句话：你学过的每一样东西，你遭受的每一次苦难，都会在你一生中的某个时候派上用场。

玮玮与伟伟

听名字，玮玮和伟伟是一个人，其实是两个人。

把这两个人联系在一起也许有些牵强，但他们之间的故事能形成鲜明的对比。

玮玮是个女孩，伟伟是个男孩子。玮玮和伟伟并不认识，但他们都是我的学生。

我常想，每个孩子和他的家庭之间存在着怎样的故事？每个有孩子的家庭都存在怎样的困惑？倘若伟伟与玮玮所生活的家庭环境互换，这两个孩子又会过着怎样的生活？

作为老师，我走进并参与了他们的生活，然而，这种参与是短暂的。我与他们之间的故事，随着时间的缓缓滑过，慢慢变得模糊不清，即便当时无论对当事者多么的惊心动魄，而现在来讲，都成了一个故事。

无意间，却发现参与的这么多故事，竟有着许多惊人的相似。玮玮和伟伟的事情是众多家庭的缩影，当成一个故事去讲显得更加特别。每个故事都是一面镜子，可以看到自己也可以看到他人，写这个故事也是为了回顾一下当时身处其中的感受，为以后提供经验教训。

玮玮的故事，是这样开始的。

一年前，玮玮还是一个初三的学生，上过很多辅导班，总在最开始的时候有些效果，后来就渐渐失效。玮玮的妈妈听朋友说："徐老师在讲课的时候，还会做学习心理方面咨询。"这样，玮玮认识了我。

辅导了一段时间，玮玮的问题开始暴露，我似乎也找到了她成绩不好的原因。

她的笔记只是搬运并无加工，是完美的搬运，以黑色为主色调，用各种颜色水笔来突出，色调格式和段落搭配都堪称完美。

我在给她辅导之前，她总会得意地拿出上节课整理的笔记本。我知道她的目的，她是想让我对她完美的笔记进行肯定和称赞。

可她在学校的几次小测让我发现，笔记本上的题型她还是不会做，甚至不记得。

这说明，对玮玮的辅导，没有起到太大的效果。

为了玮玮的成绩能有所提升，我要做出改变。得让玮玮把错题完完整整地讲出来，不仅仅是说出答案，还要讲一遍这些错题的解题方法、思路，还有自己的思考方式。

我把接下来要做什么、怎么做告诉了玮玮。

一开始我听不清玮玮支支吾吾地讲什么，但把听到的零碎的只言片语结合起来，得到的是玮玮在努力重复我刚刚讲的内容，而没有她自己的一点点理解。

然而，令我感到不安的是，我察觉到玮玮脸上的不情愿。

我努力地让自己体会玮玮的感受，为什么会这样不情愿：或许，她回答不出问题就会觉得我不认可她；或许，"我很笨"的观念一直出现在她脑子里；或许，"完美的笔记"是她存在感的支撑。

"老师，我都会了，下课后我自己整理，您接着讲。"

玮玮是在逃避。刚刚玮玮的讲解逻辑不清，还带着明显的紧张。我知道，她并不会。我没有说破，因为我知道说破的后果。

在辅导过程中，提高学生自信心的方法之一就是反复"强化"他们亮点的同时指出他们存在的问题，并对这些问题指明方向提供方法，在他们解决这些问题后给予认可和赞赏，他们会积累"我能行"的体验，产生"我还能"的想法。

于是，我对玮玮说：你笔记整理很完美，无懈可击。我讲的你是懂了，懂了不代表会了，只有你讲出来才能成为你自己的东西，这个过程是很困难，但你一定可以做得到。

我知道，在一开始玮玮还没有自己悟出方法时，只有将压力和责任转移到负责讲授的人身上来，才会让玮玮学习起来轻松快乐。

于是，我开玩笑地说："你讲不出来，证明我讲得太 low。我会努力给你讲明白。"

我可以从眼神里感觉到，玮玮此刻是轻松的。

有了这种轻松，玮玮真的有逻辑地将试题的思路方法讲了出来。

我说太棒了，完全正确。玮玮笑了，这是一种自信的笑，很真。

此刻，我没着急接着去讲题，而是强调过去的经历，聚焦于当下的体验来增强玮玮的"自我力量"：之前之所以讲不出来是因为怀疑自己笨，正是你的怀疑才让你的脑能无法输出，这样难的问题，你现在都能轻而易举地讲出来，足以说明你很聪明，相信自己。

人们总是很难理解，为什么每当遇到难题或听不懂时，一个貌似优秀的学生可能倒退到完全无助的状态；而另一个有着强大自我力量的学生却能有效地应对逆境。事实上，好多学生特别希望改变自己一旦遇到困难就"一蹶不振"的情况。通过体验当下的成功及现实感受来增强自我力量是简单且有效的方法。

当我们发现能解决困惑自己很久的困难时，我们都表现出更积极的特征，努力做好这件事，期待获得更好的自我感觉。

玮玮自信地扬了扬眉："老师，我也给你讲讲下面的试题。"

我没有反复强调"你很聪明"之类的话。

我认为，只要能减轻玮玮的焦虑和担心，就对玮玮是有利的，我便说："好啊，在讲的过程中遇到问题或卡顿都很正常，不要怀疑自己，要相信自己。"

因为我清楚接下来的试题，是我还没有讲的变式题型。确实，玮玮在接下来的讲解中顿顿卡卡。

我才觉得，刚刚对玮玮讲的话太有意义了：通常，不会学习的学生只是感觉自己"脑子很笨"，除此之外，既不知道这是否真实，也不知道是否有可能通过辅导获得有效的帮助，往往当突然真的掌握了一个题型时，又觉得自己很聪明了，再遇到下一个困难时又陷入了无助状态，在这样一个糟糕的死循环中反反复复证明自己是个"傻瓜"。

我知道，我要表达对玮玮的理解，给她注入勇气。这种情况下仅凭反复的劝慰很难奏效，然而，给予理解并指明方法，让她不断体验"我真的可以"的感觉则能让她获益匪浅。我对她说："这很正常，我上学时也经常这样，感觉一学就会，一做就废。我们学到的知识，需要通过我们反复的训练才能熟练，需要自信，需要耐心地走过这个过程。"

她听了我的话，使劲地点了点头。

就这样，我每周给玮玮辅导两个小时。

对玮玮、我和玮玮的妈妈来说，经过艰难困苦，每周的测试成绩终于比之前有了提升，自然感到雀跃不已。

但随后玮玮糟糕的一模成绩无异于当头一盆冷水。先前的兴奋原来是南柯一梦，之前的辛苦统统付诸东流。

一模成绩出来后，玮玮就再没去学校。

那两天，玮玮妈妈一直开导和劝慰，可玮玮就是一句话不说。最后，玮玮妈妈终于忍不住吼道："你到底想怎么样？以后我不管你了，你想咋样就咋样！"

玮玮也终于开口了，说："你们都不懂，没有人能像徐老师那样理解我。"

我特别感激老天让我经历的、让我接触的人和事，我意识到这种非凡的个人综合能力是那么难能可贵，也发觉教师不应该只是知识的传授者，更是具有神奇力量的教育工作者。

于是，玮玮妈妈给我打了电话。我俩约在她家楼下的咖啡店碰面聊聊。

我到了咖啡店，玮玮妈妈已经点好了两杯咖啡。

咖啡店里的灯光很暗，舒缓低回的音乐营造了一种轻松舒适的氛围，在那个氛围里，人们倾诉他们最恼人的秘密时也能感到放松。

玮玮妈妈已经没有心思喝咖啡："愁死我了，玮玮现在只相信您，我说啥她也不听。"

我试图说些什么，但还是算了，想不出合适的话语来回应。我们了解一个人越多，能帮助他的地方越多。我选择了倾听。

玮玮妈妈开始讲述玮玮与学习的各种故事：玮玮从小就是家里的焦点，家里给她提供最好的生活，让她念最好的幼儿园、最好的小学，自然也要读最好的初中，她爸爸找各种关系最终去了 A 附中。小学时，玮玮担任班长和文艺部长的职务，舞蹈十级、钢琴十级，像极了万花丛中最耀眼的那一朵。

我隐隐约约感觉到了问题的根源，可又觉得哪里不对劲。

玮玮妈妈喝了一口咖啡，说，如果当初不费尽心思来到A 附中而是选择直升初中，玮玮会比在这好，那时老师都很器重她，同学也都羡慕她。A 附中的孩子学习能力都很强，老师更多的是关注学习成绩。而玮玮在学校备受打击。

玮玮妈妈接着说，上学期，班里的元旦晚会，玮玮想报名参加舞蹈节目，老师却以马上中考为由，拒绝了。玮玮回家说，班里别的同学可以报名参加，她就不能，老师对她有成见。

玮玮妈妈的这两句话，让我知道了哪里不对劲：玮玮打小一直享受别人的关注和称赞，早已把自己抬到了很高的位置，一直没有学会或者没有机会俯下身扎到平凡的生活中。在 A 附中，瑰丽的想象和苍凉的现实发生了惨烈的碰撞，在她没有任何准备的情况下，"失败者"这个标签被硬生生地贴到了她头上。

她小小的一个人，一边走着，又一边敏感地争取一切机会去对抗一切质疑，包括整理的完美笔记。

眼泪一滴一滴从玮玮妈妈的眼眶里掉落下来，我知道这眼泪里包含着对玮玮深深的情意和自己的无奈。她低头的动作显然是想掩藏自己流泪，尴尬地笑着说："见笑了，徐老师。我是一位失败的妈妈，玮玮很痛苦，我也很累。"

我沉默了，然后看着桌上的咖啡杯，恍惚听着从音响里飘出来的音乐。尴尬的氛围甚至让我想逃。

沉默一会儿之后，玮玮妈妈无奈地说道："真的没有想到养个孩子那么难。"

有多少家长曾以为自己坚强到无可匹敌，像永远撼动不了的山。不会抓狂，不会垂首。自从有了孩子，被与孩子相关的种种事情包裹起来，像有什么东西幻化成双手紧紧地环抱住我们，焦虑的气息时刻围绕着、困扰着我们，我们发出从里到外的尖叫、嘶喊，外面的世界就像静止了一般没有半点回应。

我明白她是想让我开导一下玮玮。

我张张嘴说不出是什么问题要如何解决。于是我只能说，明晚我去您家和玮玮聊聊吧。

离开的时候玮玮妈妈说了一句，拜托了。

最后回头的一眼，我记住了她颤抖的手和期待的眼神。

第二天晚上，来到玮玮家，彼此寒暄后，玮玮妈妈把我带到了书房，书桌上早已沏好了茶。

然后，对着我和玮玮说："你们聊吧。"顺手关上了书房的门。

氛围一下子僵住了。玮玮沉默了，坐在那冷冷地注视着书桌上的摆件。

我敲了一下桌子："我们聊聊。"

她依然冷冷地望着桌上的摆件一言不发。

我试图通过给她讲我上学的经历来打开交流的闸口，然后我开始讲述我上学时的各种故事。

此刻，她却突然说："别讲了，徐老师。我都知道是我妈妈让你来劝我去上学的。"

我没料到她会这么说，一时之间我竟然不知道如何回答。沉默中一种奇怪的氛围将书房笼罩，压抑得令人难受。

书桌上有笔和纸，我问玮玮，可以用吗？

她说，随便。

此刻，我尝试着向她传达出我能够听到并理解她可能难以形容的东西，有助于让她从情感上感觉到我就在她身边。

于是，我在纸上写下：

"玮玮，我能感受到你的痛苦，我不知道什么事情让你遭受了巨大的痛苦。这个年龄你失去了太多快乐的机会，你的内心也一定极不愿意过这样的日子，我愿意听你诉说苦楚，和你一起解决它，我更相信你能用理智来控制情绪，以掌控你的生活，你在我心中一直都是优秀的孩子。"

我把字条递给了玮玮说："我，你的爸爸妈妈，我们每个人都爱你。"

当被人告知我们过往经历过，但原先一无所知的事时，我们至少都会感到不舒服。我们希望了解事实，但通过一个引导得当的方式，让对方感觉到被支持被理解，愿意吐露出憋藏在自己内心的事有助于帮助到他们。

这样的时刻如同按照慢速播放模式放映的电影，一幅一幅画面往外蹦。我不记得时间过了多久，只知道我再看玮玮时，她已满脸泪水。

我说，哭吧，哭出来，说出来，就都好了。

玮玮就像沉寂了许久的火山，似在等待某个时间喷发。我话音刚落，她就放声哭了出来。

我把桌上的纸巾递了过去："把心里的憋屈说出来，会舒服些。"

"我真的不想去上学。在学校我被压抑得都快窒息了，会疯掉的。"玮玮哽咽着说。

一个人需要情感帮助的时候是不能给他讲道理的。

玮玮不会猜到我会这么说："既然那么难受，就先不要去学校。"

"我妈妈是不会同意的。"她说。

我用笃定的口气说道："我和你妈妈谈，她会的。不过你得答应我一件事。"

"说吧，我答应。"

"我送你一句话，我写在纸上，你每天看一遍。"

"我还以为啥大事呢。我答应。"

尽管我答应了玮玮，我却不确定玮玮妈妈是不是会同意。我要和她进行一次道德对话，本质上是通过爱与理解去寻找一种更理性的方法。

倘若孩子只是为了分数而学习，只是为了"受人欢迎"把自己雕刻得遍体鳞伤，所背负的压力一定很大。但是孩子如果在成长的途中，看到了自己的梦想，有人引导着孩子发现自己将来的梦想与现在的课业、困难、社交等存在的关系，那压力也就变成了强烈的动力。

梦想的路上，应该是跌跌撞撞，却又来不及矫情感慨，再回头，看见的是厚重的脚印，感受的是心里的充实幸福。

而事实上，在应试教育下，家长们集体焦虑地盯着分数，幼稚地寻找一种短暂的，以快速提分为目标的辅导，在这个过程中弄丢了孩子的梦想，一边给予创伤，又一边小心轻抚她的脸庞，这也与教育的本质背道而驰，令人啼笑皆非。

要知道，人的动力源于他本能的需要。

当父母对孩子的学习关注程度超过了对孩子本身的关注，那想要学习好就变成了父母的需要，因此你会发现孩子的学习动力越来越小。

当这种需要被重要关系中的他人取代的时候，他的动力也会慢慢消失。所以如果想唤醒一个人内在的动力，就要敢于把属于他的东西还给他，只有这样他才能看到他自己，看到他自己真正的需要。

可是，我却不知道如何和玮玮妈妈开口讲这个事。

"玮玮有自己的憋屈，流了几滴泪，现在好多了。"我走出书房故意大声说。

玮玮妈妈说着感谢之类的话。我示意她，我要和她单独聊一下。

玮玮妈妈对着书房说："玮玮，我送一下徐老师。"

一出门，玮玮妈妈便说："玮玮答应去上学了吗，徐老师？"

因为不想来回绕，我直截了当地说："我想对您说的是，这段时间玮玮不要去学校了。"

她瞬间愣住了，然后着急地说："可还有不到两个月就中考了。"

我认为，对家长对孩子要真实，一开始，尽管显得不近人情，却合乎情理，我会把自己内心的真实想法告诉他们。

我回答道："真的很难通过一次谈话就能让她回学校。"

"那现在咋办呢？"

我知道她现在着急知道怎么办。

她又说："不能这样一直待在家里啊。"

"这几天我给玮玮补补数学，在辅导的时候，我再给她疏导并加以规划。"我回答。

对我的回答她或许是满意的，点着头说："听您的，我们相信您。"

在我看来，辅导数学是疏导玮玮一个很好的契机，在这个过程中我们都不会不自在，更能让玮玮放下戒备之心，我也能有机会从情感方面鼓励她帮助她。

我要做的是努力帮助玮玮走出之前受挫的经历，帮她建立希望，使其重回正轨。

在辅导的第三天，玮玮的语言、态度、状态让我感受到她内心状态的变化。

我讲完几道中等难度题的思路和方法后，接着玮玮做了几道同类型的试题，结果全都正确。

"全对啊，厉害啊。"我竖起了大拇指。

"真的吗？这样的题会了能上个什么样的高中？"她又惊

又喜。

她的回答，多少有点令我感到惊讶。

当然，更多的是欣喜。

我想象的事情似乎要发生了：玮玮不断地认可自己，慢慢积攒能量，让自己有了直面困难的勇气，而不是沉浸于过去痛苦或毁灭的内心体验中。

我没有直接回答她，而是问："如果你考上 E 高中，你满意吗？"

"这不可能。"她回。

"仅考虑数学，如果这些题目会的话，这个能力足以去 E 高中。更何况，数学是你的弱项，其他科目都是你强项。"我肯定地说。

她的眼神里露出了光芒。

我认认真真地给她分析着各科试卷结构和命题原则，分析着哪些题目一定可以得分，哪些地方可以通过重点攻克最大限度得分，分析着 E 学校近三年的录取分数线。按照这个模式去算，玮玮总成绩比去年录取分数线还要高 26 分呢。

人有了明确的方向和应对的办法，会表现出更主动更积极的特征。

她瞪大了眼说："没骗我吧，老师？"

"事实的数据就摆在眼前，是咱俩一起算出来的。"

"要是真考出这个成绩，老师和同学会被惊到的。"玮玮说。

我知道玮玮现在内心在涌动着被点燃的希望，就像一剂猛烈但无害的兴奋剂，开始在她身上发挥药效。

窗外的风透过窗隙轻轻吹来，扬起的素白色纱帘在窗边翻飞，吹起的书页微微作响，这个时候，玮玮说，这风真舒服。

又一阵轻风吹来，我迎了上去。真舒服，这风。

是不是存心我自己也不知道，就张口说："想让你老师和同学被惊到，只不过……"

她有点急，追着问："只不过什么？"

"要是能做到两件事，你一定会惊到他们。"

她显然急了："什么事？说吧，徐老师。"

我认认真真地说："只不过得看你可不可以忍受学习过程中出现的暂时的失败和不稳定的状态。"

"我能。"她毫不犹豫地说。

这个时候，她强烈自我肯定的感觉使她满眼都是美好，但这不意味着她可以应对学习中碰到的种种困难了。或许，能在满眼美好和现实困难之间平衡的心境才是我们一直寻求的能力。

我得让她这种自我肯定的感觉变得强大，强大到困难击不垮她。

"你把'我能'这两个字写下来，贴到书桌前。遇到困难不愿坚持时，你就看这两个字使劲想现在的感受。"我说。

她答应了。

我知道，"我能"这两个字，在一定程度上可以让玮玮再次获得勇气，获得能量。

我接着说："第二件事，就是你最好能回学校，学校才有学习氛围。"

她倒是直接，噘着嘴说："老师，我觉得我上当了。你这是劝我回学校。"

我没有过多解释，只是简单地说了句，我依然尊重你的想法，更相信你会惊到他们。然后又开始讲课了。

下课后，玮玮却说："我考虑一下回不回学校。"

"你真的会惊到他们的。"我依然说。

两天后，玮玮最终回了学校。

不久之后的一个晚上，我收到了玮玮的信息：徐老师，您好。我今天收到了 E 学校的录取通知书。感恩人生路上遇见您。您写在纸上的话我记住了，"活得真实、随性且笃定，拒绝伪精致生活"这句话，支持了我一天又一天。祝您一切安好。

那一刻，我感觉到玮玮长大了。

第一次见伟伟，是他和他爸爸一起听我的课。

课后，他对他爸爸说，这是有史以来他听得最明白的一节数学课。

他爸爸又对我说，我把专业的内容讲出了大众化的感觉，把知识点讲得很透彻，理解起来非常轻松。他居然饶有兴趣地听完了一节课。

听完这样的夸赞，我总觉得自己的付出是值得的。

伟伟的爸爸绝对是个了不起的人，在激烈的升学竞争造成家长集体焦虑的情况下，他却说：什么样的分数并不重要，上什么样的学校也不那么重要，有意义的快乐和懂得感恩才是最重要的。当然，快乐地学习，成绩自然是不会差的。

讲这样的话，很是让我好奇，他从事什么工作，他教育下的伟伟又是什么样的孩子。

之后的故事，让我知道了他真的是个了不起的人。

缘分总是那么神奇，生活中的好多困惑不解恰恰都是由这些看似偶然又必然出现的人来解答。伟伟爸爸成了我很好的朋友，与他交谈，总能倾心感受伟伟的内心世界。羡慕着，伟伟的爸爸是这样懂他；悲伤着，体验着和伟伟相似的孩子因缺少理解遭遇的痛苦。

"不瞒你说，找到你之前，我已经听了三个老师的课。"伟伟爸爸说。

其实，这样的事很容易理解，谁都想找更合适的老师。

我笑着说："谢谢。"

伟伟爸爸说出最终选择我的原因很简单：不保证提多少分，不吹嘘能提升多少名次，重点是不断营造轻松的学习氛围。

他居然说，他坚信人在出生时并非一张白纸。无论智商还是特质总是受到遗传的影响，而不能被视为纯粹是后天培养的结果。

我倒是鲁钝，竟说了一句，只要功夫深，铁杵磨成针。

他显然感觉我没有理解他的意思，就说，瓜是瓜，豆是豆，种瓜不可能收获豆子。

尴尬，我笨拙地呆在那里。

人的高度，通过他讲的话就能知道。

伟伟爸爸说，伟伟在学习这方面天赋确实一般，可体育天赋好，现在是国家二级运动员，明年就能达到一级，他跟着我学习开心，他们放心。

我更加觉得，他真的很了不起。

我也明白了，伟伟爸爸想表达太多人都把注意力放在后天培养而非先天因素的挖掘上。很多人都热衷于寻求培养孩子成才的方法，而忽略孩子本身自带的特质，以至于瓜不是瓜，豆不是豆。

对家长而言，对老师而言，其意义在于，通过关注孩子的特质找到他的闪光点，用语言、用行动不断帮助放大其优点，孩子感受到存在感、价值感，内心充满力量，感受到温暖，从而拥有克服困难的勇气和能力。

然而，如今，我们处于一个升学压力导致全民过度焦虑的时期，这也加速了教育模式的商业化，自封的教育专家如雨后春笋般冒了出来，可笑的是，他们之前从事的是房产、医药又或者是批发零售等行业。很难想象，缺少共情能力而只是一味地灌输流程式的提分技巧也被当作辅导，偶尔的一两次有效果，又沾沾自喜，可用不了多久，就会发现它根本无效。这样的结果又让一些家长怀疑自己的孩子是不是真的"笨"。

我始终认为，辅导只是辅导，主导还是学校，毕竟一个科目一周一般都是辅导两个小时，在学校一周五天课。辅导的作用或许应该是给孩子力量，让孩子体验到学习这个科目的乐趣，帮助孩子找到方向和方法，再回到学校不惧怕这个科目，重获自信。

而在课时消耗和利益面前，公司化的教育模式不断夸大辅导效果，神化辅导老师，似乎学生永远都不熟练不踏实，一直存在各种各样的问题。

我常想，缺少了人文关怀底线的教育意义在哪里呢？一种真正意义上的教育又在哪？

当我们真的需要一位老师的时候，老师就会出现。如果我们在与他人的相互作用中留意，就会发现他人对我们发出的信息都承载着或小或大的动态意义，即便简单的一个行为，简单的一句话，都能让我们成长。

一个中午，我突然接到伟伟爸爸的电话。

"忙吗，徐老师？没打扰您吧？"

"不忙，您说。"

"后天是伟伟生日，伟伟特想让您过来，能安排时间吗？"

"嗯，可以。"

"太好了，咱们不去饭店，来我们家，有氛围。后天晚上七点，地址是……"

"好的，后天见。"

我有些激动，然后是莫名其妙的紧张，这是第一次参加学生的生日活动。

对于生日礼物，我选择的是软皮简约的笔记本和一支钢笔，最关键的是我可以在笔记本上手写祝福语，我觉得这样的礼物合适且有意义，而且存放时间久，时隔多年，伟伟看到这些东西，他会想起，有一个人曾参与了他的生活。

"准时"这两个字跟我丝毫不相干，做任何事情，我都喜欢提前，给自己留出时间去安排好各方面细节。

大约 18：30 我就到了伟伟家楼下，时间还有些早，就在他们家附近转了一圈。

18：50 到了他家。我觉得早到一会儿，代表了对他人和这件事的尊重。

开门的是伟伟妈妈。

一进门，才知道什么叫岁月静好，屋子收拾得整整齐齐，当米白色的家具与高级灰的瓷砖映入眼帘，一种简约、纯粹的美油然而生。

伟伟妈妈说："他们爷儿俩在厨房做饭呢。"

我朝厨房望去，两个扎着围裙的男人在厨房里默契地配合着，惊讶的是，掌勺的竟然是伟伟，看他的动作就知道，没有平时的积淀是到不了这种驾轻就熟、游刃有余的境地的。他爸爸则在旁边帮着递各种调料，当菜准备出锅时，他会及时将盛菜的碟子递过去。

此刻，即便感觉做饭这件事很平常，可掰开了揉碎了去品，便觉得，这是伟伟爸爸的智慧。

想办法让孩子跟生活贴得更近，教育才更像教育。

教育不单单是一字一数，或许还有一勺一菜以及接地气且充满烟火气的生活。

伟伟和他爸爸也看到了我，从厨房走了出来，伟伟爸爸吩咐伟伟给我倒茶。

伟伟爸爸说："今天的菜都是伟伟做的，待会徐老师尝尝。"

我对着伟伟竖起了大拇指，打心底佩服："太厉害了，太厉害了。"

"把剩下的两道菜做出来，我和徐老师喝茶聊聊天。"伟伟爸爸说。

伟伟又进了厨房。

"知道吗，徐老师，一开始，伟伟做的饭实在难以下咽，不是齁咸就是无味。没办法，我还要故作淡定地假装好吃，然后再说如果少放点盐或多放些料酒之类的改进方法。"伟伟爸爸说。

我也哲理范儿地说："总之一切言语、一切行为都是激发孩子不断进取的动力。"

"没错。还有一点，没有犯错就不会有进步，解决掉的每一个困难都是能力提升的标志。"他回复道。

我愕然了。这和其他家长讲的不一样。

有的家长说，这孩子不是今儿这错，就是明儿那错。

有的家长说，道理讲了无数遍，孩子该错还是错。

思维不一样，同样的问题带来的结果不一样。一直盯着错误，错误永远是错误。把错误当成提升能力的关卡，错误就成了成功的垫脚石。

很享受这样的聊天，总能带给我一些感悟。

很快，伟伟做好了另外两道菜。

常规的生日庆祝流程：吹蜡烛、许愿、切蛋糕、送生日礼物、送祝福，然后动筷吃饭。没有豪华的酒店，只有幸福的一家人，一切是那样美好，那样真实。

这样的生日和在高级酒店大操大办邀请众多朋友并且拥有豪华礼物的生日区别又在哪？

我不知道，我也说不清。

但我感觉到伟伟脸上的笑是那样真，那样纯，那样幸福。

满满一桌子菜：葱爆羊肉、红烧排骨、清蒸鲈鱼、蒜泥茄子……无论是菜肴的品相还是口感都难以想象这是出自一个 14 岁孩子的手艺。

伟伟爸爸说："这厨艺，长大后，找老婆是没问题了。"

"我妈妈就是被你骗来的。"伟伟说。

我们都笑了。

吃饭的氛围，就感觉到了他们一家人的幸福程度。

饭后，我被带到伟伟的房间。

一进门的右手边是一张书桌，桌子上放着整整齐齐的学习资料，再往里是一张收拾得干干净净的床，顺着墙看，几幅体育明星的画像之间赫然夹着几个字：要考上中国最好的体育大学。

我指着墙上的这句话问伟伟，你写的？

不是，我爸写的，他说，既然喜欢体育就要去最好的体育大学学习。

我知道了这句话的含义：想去最好的体育大学，不单单只是体育好，还需要优秀的文化课。学好文化课成了进入最好体育大学的动力。

我懂了，伟伟爸爸总是在无形间不断地引发孩子的内在动力。

他真的很睿智。

正如他所说，学会使用孩子，具备生活能力的孩子，成绩都不会太差，即使成绩不好，将来立足于社会也是没有问题的。

这或许是有人文关怀的教育：不需要太多功利性，让孩子用双手去摸索世界，用双脚去丈量大地，点燃孩子对生命本身的热爱，孩子需要发现更多、更有意思的生命体验，成长为一个真正幸福有责任感的人。

关注孩子的学习，本身并没有错。但是，如果把学习当作唯一的价值体系，一旦考试受挫，孩子心中的支撑点就会全部崩塌。

得承认，教育不是为了考试，是为了幸福。

离开伟伟家已是晚上十点了，安静的路映衬着今天发生的事，一些思维一些感受总在脑子里跳跃，最终我抓住了一个词——理解。

我看到太多不被理解的孩子活得很丧，真的有些不忍。

我知道了，每个孩子都有自己独特的优势和劣势，不能拿成绩一概而论，接纳理解孩子的差异和与众不同，是一种勇气，是一种智慧。

我知道了，不应该给他们讲太多道理，不该让他们在这个本应该活得自在的年纪，去过分地思考人生的意义，过分放大这世间的恶。

我也知道，对于好学生的定义，不是成绩多么优异，不是考了年级前几名，而是他们活着有尊严有自由，可以成为真正的自己，用自己的价值照亮别人，才是真正的好学生。"好"的定义是人，不是表面虚幻的成绩。教育学生的过程，不只是一个"分数游戏"，一个个独立的个体，若按照极其单一的评价标准来区别对待，是滑稽的。

此刻，我脑子里涌现出一群可爱的孩子，他们——自信，快乐，善良，积极……

我想当蛋糕师

我和白良的认识，很有戏剧性。

在从事培训行业初期，我经常会利用学生放学的时间去发宣传页招生。一些家长会接过传单说："谢谢。"也有家长说："不需要。"还有一些家长直接无视你，任你说什么他们只把你当空气不作任何回应。

白良的妈妈就是不作回应群体里的一分子。时间久了，我记住了她，她应该也知道了我，因为后来我再快要发给她传单时便直接避开。

事实上，我们选择某个老师，往往是因为亲戚朋友的孩子跟着某个老师学习后提高了多少分、前进了多少名。

确实，这些成功的案例不是吹出来的！

但是这少数成功案例的背后，还有更多成绩没有提高甚至不断否定自己，成绩下滑的学生。

有成功案例的老师能被家长寄予太多的想象，说白了是因为他们觉得这个老师辅导的孩子都会考高分进重点。

有时候，我觉得当前的人描绘出来的学习样子很虚幻。就像一个学生跟着这个培训班学习考入重点高中，便会觉得自己的孩子去了也会这样；一个学生跟着这个老师学习考了第一名，便会觉得自己孩子跟着这个老师也会考第一……这种现象的本质是，不愿理解自己的孩子都是独立的个体，用别人的故事来满足他们的幻想，还有就是掩盖他们孩子成绩差的现实。

人，总是如此善于自我幻想的存在。

再次见到白良和他妈妈，有些尴尬。那个傍晚，当我打开门看到是他们时，我们都有些愣，我们谁也没想到，她听别人介绍的那个老师是我，我也没想到视我为空气的人现在找到了我。不得不承认这也是缘分，躲不过，避不开。

"你是徐老师吧？"她妈妈先开了口。

"是的。白良妈妈？"我回道。

"对，听我姐姐说你教课很好，让孩子来听听。她孩子数学原来都倒数，现在可厉害了，都考前几名了。"她说着。

"谢谢，先让白良听一节课，看看有收获吗？"我回。

"你费心了，谢谢徐老师。"她说。

关于我们之前就见过很多次的事，我们都没有提及，权当事情没有发生过，用初次见面打招呼的方式进行沟通。展现一些没有必要提及的东西，会给人带去恐慌和烦恼，需要很长的时间才能去接纳去承认去释放。

上完课，白良高高兴兴地走出教室。

他妈妈对白良说："看你那么高兴，一定都听懂了。"

这句话确实很有水平，因为学生与老师之间是否达成愉快的合作关系是衡量辅导是否有效的关键。

然后，她对着我说："徐老师，你感觉孩子怎么样？"

"孩子很好，基础稍微弱了点，慢慢来！"我回。

"上几节课，能和我姐姐的孩子一样，也考前几名？"她说，脸上带着刻意的笑。

我最害怕回答这样的问题。因为这个问题就是一个伪命题，因为种种原因，我们必须承认并理解每个孩子的学习能力是不一样的，有的孩子稍微一点拨就能理解问题的要领，有的孩子讲了三五遍依然稀里糊涂。试想，如果一个老师每周给孩子辅导两个小时，几周后孩子考了前几名，这本身就是一个滑稽的现象，我不是说辅导没有用，我想表达的是辅导的意义：辅导班是辅导，不是主导，毕竟一周一般只辅导两个小时，在学校要上五天课，学校才是主导，辅导首先是有针对性地帮助学生夯实基础，给学生鼓劲儿，让学生体验这个科目的乐趣，找到方向和方法，回到学校后不畏惧这个科目，重拾自信。然而，总会有很多人自欺欺人地说，"这个班级第一是我教出来的""这个年级第一是我带出来的"。

我说："这个我不能保证，影响孩子的因素很多。我会全力以赴给孩子讲课。"

"是的，徐老师。孩子交给你了，你多费心。"她回。

是因为我辅导她姐姐家的孩子有了很大的进步，在她的意识里存在着"姐姐家孩子成绩进步的因素是徐老师"的幻想，忽略了每个孩子都是独立个体这一因素。然而，从现实意义来讲，我们不是万能的，个别的成功案例确实会让家长产生某种幻想，假如辅导老师不假思索答应几次课会把学生提升到什么名次，那其实是对家长进行"欺骗"。最终，我们也会为我们的自以为是而负责。

渐渐地，我在给白良辅导的过程中，发现他的基础不是一般的差，为了能快一点让成绩往上提升，让他有自信，我采取的策略是"边攻边修，以点带全"——同步目前他学校讲的内容，还要预习下周要讲的内容，目的是让他在学校上课可以听懂，能听懂才不会走神，走神是因为听不懂造成的。在预习中遇到的问题，我会把涉及的知识点拽出来，把之前落下的知识按照他能接受的思维模式整理到他的笔记本上。

我对白良的辅导模式让他感受到了希望，使他心情放松。她妈妈给我的反馈是，孩子每次到家都是各种夸我，说我懂他。

学生对我夸赞，我心里自然美滋滋的。

但有一天，我得知了白良糟糕的成绩。

白良妈妈显然着急了，不然不会亲自来办公室找我。坐下后，她从包里拿出一个文件夹，又从文件夹里拿出几张纸放在了桌子上。

那是白良的考试卷。

我拿起试卷，我觉得，我与之前相比坦然多了，我没有自责和自我怀疑。我知道，成绩不是仅仅通过几节课就能发生改变的，当然也有改变的，但分学生情况。其实，辅导孩子的时候，要密切关注学生的思维模式、情感类型、亲子关系模式等问题，根据学生的实际情况给予支持。

我说："看孩子的书写格式，倒也是有思路，还不够熟练。"

"已经辅导5次了，成绩为何还这样？"她说。

"白良现在对数学不畏惧，爱学了，先把错题整明白。"我回。

"再有几次，成绩会提升？"她说。

最后，我还是说："我真的没法保证。"尽管我觉得白良成绩很快就会有突破，可我还没有做好承诺的准备。

白良妈妈给我讲她和白良的事：

"上了几节课，怎么还是这个成绩？"她对白良说。

白良对妈妈说："虽然成绩没提高，但我考试感觉都会了，之前我看了试卷就头疼。"

"会了怎么还出错呢？"她妈妈说着有些躁怒。

"我就是会。你不懂，徐老师懂的。"白良也有些急了。

"要不咱换一个老师试试？"她妈妈说。

"不换，不换，就徐老师！"白良更急了。

最终，白良妈妈选择亲自来找我聊聊。

临走时，白良妈妈坦诚地说："其实，我试探着问过白良两次，给他换个老师，而他死活不愿意，他说你懂他。我们也只能拜托你了。"

我认真答应着。其实，我心里的白良一直都在进步着。

再给白良上课的时候，我问他考试的感觉。

他说，感觉题目都见过，也会，就是没得分。

我告诉他，这个感觉说明你有了知识框架，但要把会的知识转化成分数，需要多练。

这样，我们就达成了课后多布置一些作业的共识。

因为作业是我们俩协商后达成的结果，所以我告诉他说话要算数。一开始，即便白良的时间紧张，他也会腾出空一声不吭地去完成作业。自然，成绩也跟着好了起来。

好的成绩让他妈妈终于展开了笑颜。

白良最终的变化，还是从一个梦想开始。

过了很长一段时间，白良开始不完成作业了，甚至作业也不带。

他这种行为彻底激怒了我，而以前我没有对他这种行为感到生气，是因为那个时候他没有方向和方法，我能理解他在课堂上听"天书"的痛苦。

在我觉得他在没有方向和方法时，我可以真诚地接纳他的问题，但当我开始发现他在低估自己的能力又不下功夫练习时，我的怒火被点燃了。

我吼道："你目前有能力，也证明了你多练习就会有好的成绩！"

他低着头没说话。

我觉得对孩子批评和夸赞同样重要，其本质一定是真诚地就事论事，让他意识到自己的是与非，其秘诀不是那些常见的陈词滥调，而是对学生的自我定位进行全面的考察和理解，并对其进行支持，是给予学生认同滋养他的自尊。

我又接着说："你感受一下，前几次好好地做作业又考出好成绩的心情。"

他想了一会儿说："我没有感觉，但我感觉我妈妈很开心。"

"是你自己的感觉。想一想。"我说。

"没有，真没有感觉。"他回。

"经过付出获得成绩有没有成就感？不感到幸福吗？"我问。

"有成就感。"他回。

"我想让你表达的就是这样的感觉，是不是那个过程虽累，但很充实啊？"我说。

他嗯了一声。

我又说："这种充实其实就是幸福。"

然后，他又嗯了一声，他好像懂了又好像没懂。

进行这样的对话，我是为了激活他对自己付出后获得成功的感受，当他感受到这份充实感和成就感时，有助于唤醒埋藏在"外驱力"下面的"内驱力"。我又对他说："白良，多感受你取得好成绩时的心情，付出很累但很充实很幸福。"

他却突然来了一句："老师，你说为什么要学习？"

对于这个问题，我得承认，我确实没怎么给他讲。谈"将来"、讲"人生"，我总觉得太空洞。

我记得我摸了一下他的头，然后看着他，说："你觉得呢？"

"我觉得学习没啥用。"他讲这句话的时候，每个字都说得那样肯定。

我又问："为什么会这样认为？"

"因为我想当——当——，算了，不说了。"他的言语中带着不愿吐露的情感。

我得想办法引入他梦想背后的情感，我想了想，说："咱们的关系，你不得告诉我？想当什么，说吧，我都支持你。"

"我想当蛋糕师。"这句话，每一个字都显得不自信，让人印象深刻的，还有他脸上的不自信。

我是一个不爱跟孩子聊梦想的人，但当孩子展示他们的梦想时，无论什么梦想，只要有价值，我都会给予支持。

"你的梦想可真伟大。"他显然没有预料到我会这么说。

他惊讶地看着我。

我慢慢解释："我给你讲，想把蛋糕做好可不是一件容易的事情，你得研究蛋糕的样式，各种配料搭配的比例，用什么样的温度去烘焙等。这可是科学领域的问题呢。"

"那么复杂吗？"他问。

"那当然，现在还有一个职业是营养师，根据不同人的体质搭配不同的食物帮助人们获取健康。"我说。

"那是很厉害。可我妈妈说当蛋糕师是没有出息的。"他说。

这时，我才发觉，白良的学习力量都是由外向内的，都来自他的妈妈，甚至忘掉了体验自己努力付出后获得好成绩的成就感。

在他妈妈心里，觉得做蛋糕这个行业不够高端，无法接受孩子当蛋糕师的想法。她应该也是痛苦的：她由衷地爱着白良，但她也由衷地不情愿白良当个蛋糕师。她不允许自己的儿子成为蛋糕师，她的儿子一定要光芒万丈、出类拔萃——她不在乎儿子的想法。

但她不知道，热爱的事情可以拿来当作学习的火种，当孩子为追求梦想而勤奋学习时，便会产生智慧和灵感。

我又对白良说："无论什么职业，都不能缺少知识，我觉得你得好好学习生物，到了初三你还要好好学化学，因为这样你才能更理解蛋糕的成分，做出的蛋糕既好吃又有营养，好像生物和化学也会用到数学的知识，总而言之，各科都要好好学，考个好大学选择一个食品方面的专业，做一个高端的蛋糕师。"

他点点头。

我们一直谈梦想，梦想不是一个虚幻的东西，而应该是实实在在的东西。是你内心真正想得到的东西，靠他人给予是得不到的。

特别讽刺，孩子的梦想不再是孩子喜欢的，我们的兴趣班，不再是培养兴趣的，而是异化为升学加分或互相攀比的砝码。多少家长为了心中的面子扼杀了孩子真正的兴趣。

我们不知道的是，学生真的是从兴趣出发拼命努力、选择将来。

然而，我们却按照自己心中的样子对孩子进行雕刻，在每个时期，我们都小心翼翼的，因为我们害怕错了哪一步，都会影响最终的那个成品。

这个过程，孩子没有选择的余地和喘息的机会。成长过程中没有选择的空间，都是"必须"和"唯一"，孩子很痛，家长很累。

如此一来，他们的兴趣在哪？

他们的热情在哪？

他们的钻研创新精神在哪？

他们的幸福又在哪？

在教育孩子这条路上，确实不易，还得这么走着。自我矛盾、笑中带泪地走着，黑夜里无数次许下愿望，孩子只要健健康康活着就够了，可谁也不曾想到现实并不是许诺那样简单。多年之后，才发现当年的许诺是正确的，孩子终究还是他自己。即便我们把孩子雕刻成我们心中的样子，他们也早已遍体鳞伤，倘若时间还能倒流，我只想让孩子成为他自己，我只想让孩子健健康康地活着。

可生活呢，却从不曾回头，生活总在继续。

因为我遇到太多类似的故事，我不会站在家长那一边，遵从他们的意见去劝导孩子树立一个家长心里希望的梦想。尤其是孩子真心热爱的梦想，只要有价值有意义，我要做的是说动家长来支持孩子。

当我和白良妈妈再见面时，我对她说："白良有个梦想，你知道吗？"

"是不是想去我们电力集团？"她回。

我说："不是，是想当蛋糕师。"

她生气了："真傻，太没出息了。跟他说了多少遍，这是不可能的。"

这样的气氛下，我一下呆住了。

她又说："你帮我跟他讲讲，只要他能考上本科，就能去我们单位，待遇又好又有面子。"

我知道，白良能对我全盘托出埋藏在心底已久的梦想，说明他真的热爱。知道了这一点，我说："去你们单位的录用条件是什么？"

"他只要能考上全日制本科就行。"她笃定地说。

我又说："现在是考上好高中，才能有机会考上本科。"

她说："现在我担心的就是他考不上好高中。"

"好办，支持他当蛋糕师。"我说。

"那不行，那也太没出息了。"她回。

"你想，你支持他喜欢的事情，他就会为了喜欢的事情好好学习，考上好高中再考上本科。"我解释着。

她恍然大悟地点着头，笑眯眯地说："对，对，我可以先骗他，先考上好高中。"

"你有没有想过，他做他喜欢的事情，也许会做成全国甚至全世界品牌连锁店呢？"我认真地说。

"要是真那样就不用去我们单位了。"

我知道，她既不相信自己的孩子，又想让他过得好，所以她只能让孩子走她提前规划好的路。只是她不知道，这条路更难走，而生活对于她这样的人也总是无情的。

我终于忍不住了，说："其实，我们觉得是帮孩子规划好了人生路，实际上对于孩子却是蹉跎了一辈子。"

"对。"她讲了一个字。

自那之后，白良学生物很起劲，还借了一本初三的化学书开始研究。

有一次，白良问我："生物和化学书里没有讲怎么做蛋糕呢？"

我被他的问题逗笑了，说："现在学的是基础，之后真正做高级蛋糕时都会用到这些知识，你以后还要创新，都会用到。"

他又一次相信了我。

我知道，现在的作业对于白良来说不是任务，不是为了进入他妈妈单位而去学习，而是因为热爱由内而外产生的力量。这股力量不会"熄火"，因为这个过程中产生的充实感会刻入骨髓融入血液形成他的特质。

这也是"为什么要学习"问题的答案。

我渐渐地发现，教育孩子很简单，那就是理解、尊重、支持孩子成为有价值的自己、有意义的自己。这样，学习对他们而言就不是被动的事、不是苦差事，而是自己需要做的事，这个过程累并快乐着，有充实带来的幸福感。

学习这件事，如果知识都在教的一方，学生永远也得不到，如果不从学习方的角度去理解，那学的一方永远也得不到自己想要的东西。

对于很多人而言，尤其是家长和老师，特别喜欢使用"你不好好学习将来就会扫大街""不努力学习就要去工地搬砖"这样的语言来刺激孩子发奋学习。却又不愿进入孩子们的角色去了解他们，在我们的意识里只有他们当上科学家或有个一官半职才算成功。对学生缺少理解的我们会觉得孩子的糟糕成绩源自他的不奋进；无法体察孩子内心苦楚的我们会觉得他在假装生病来逃避学习；这样，很多好孩子就被莫名其妙地扣上了"不懂事"的帽子。

如果我们能用尊重而非盛气凌人的态度来表达，能对不同的学生用充满共情的语气来理解他们，"教育"才会更有意义和价值。这是老师个人和专业成长的必由之路，也是家长成长的必由之路。

而现实中，太多的家长，在孩子的成绩不理想时，只会对孩子一味地指责，甚至打骂，认为孩子不争气，没有努力，而后去给孩子报辅导班。若孩子成绩仍没有提高，我们就好像跌入了一个得不到救赎的深渊，这个深渊让我们看不到自己在心理上无法接受的东西。但是，这样一来，我们就永远无法真正了解自己和孩子。

我们真的要跳出我们习以为常的一切，看看我们的教育，看看我们自己，看看我们的孩子。

家长的言语和理解，会让孩子真切感受到学习的乐趣。

教育，是不是先要从理解开始？

教育，是不是先要从爱的耐心开始？

每个孩子都是一个独特的个体，有多少人就会有多少种方法，但不管用什么方法，其目的都是让孩子能够健康地成长，幸福地成长，踏踏实实地做事，堂堂正正地做人。

在之后的几年，我也陆续得知白良的消息：现在个子高了，沉稳了，在读本科三年级了，读的专业是烹饪与营养教育。

我脑海里突然浮现一幅场景：一个穿着和医生的白大褂一样的厨师服的白良，正在投入地做着各式各样的蛋糕，款款惟妙惟肖，每一款蛋糕像艺术品一般存在着。天花板上的灯光落在他的脸上，细碎的光勾勒出童话一般的世界，白良就在其中，我看着他笑了。想着想着我也笑了。

我和白良都在成长。他为追求他的梦想而努力学习，我也为我热爱的工作而努力学习。

累吗？

不累。

因为喜欢，因为热爱。

愿家长别那么累

一

一个冬天的早晨，妈妈送媛媛上学，妈妈没戴手套，媛媛戴着手套围脖。

天很冷，妈妈说好冷。

媛媛摘下手套给妈妈，妈妈戴上说，真暖和，谢谢你。

媛媛笑了，一种幸福的笑。

一个夏天的下午，妈妈接媛媛放学，妈妈没有雨伞，媛媛有。

天忽然下雨，妈妈说下雨了。

媛媛把伞给妈妈，妈妈说，你照顾好自己就行。

媛媛不开心，一种真实的难过。

我们很自私。

我们剥夺了孩子爱别人的机会，却又抱怨地说这孩子怎么不懂感恩。

给孩子最好的爱，不是给予爱，而是让孩子懂爱，学会爱，感受爱带给他的力量。

二

佳佳流着泪。

她哭了，这是多年的憋屈让她再也承受不住的泪。

历经多天的努力，好不容易进步了十几名，本以为妈妈会给予鼓励和赞赏。

但，现实呢？

看到佳佳妈妈着急的样子，我知道她很爱佳佳。

可是当着佳佳的面，她又从不夸佳佳，只会一味打击，就像数学测试进步了十几分，她只会说怎么还有那么多错误；考试名次进步很多，她只会说不要沾沾自喜，这次是瞎猫碰到死耗子。即使她打击完又偷偷地欣赏着。

现实中，可惜的是，佳佳没有上帝的眼睛，佳佳知道的，只是那些难听的话。

或许，所有的打击与否定，积攒到一个极限，最终压垮了支撑她的最后一根神经。

心，也就这样一点点地伤透了……

再后来，佳佳妈妈当着我的面数落佳佳时，她竟然不逃避不反抗，她只是麻木了。

她妈妈的指责和否定，就像往佳佳幼小的心上撒的毒。

毒，终会发作。

一些家长，看到的永远是孩子身上的不足和缺点，又担心孩子会往不好的地方发展，于是整日在"担心焦虑"的情绪中郁郁寡欢，滑稽的是，即使有一天孩子表现得很优秀，他们又以害怕孩子骄傲为由打击孩子，这样一来，父母和孩子都永远无法获得快乐。

心中有光，黎明才会到来，心中无光，即便黎明到了也会觉得是虚幻。

不同的心态自然会有不同的结果。

三

与章章一起来上课的人还有波波和波波妈妈。

章章的爸妈一起旅游去了，这段时间，都是波波妈妈接送章章。因为他们是邻居，也是好朋友。

波波妈妈爱着波波，每次上课都来回接送，无微不至。

章章妈妈显得自私，撇下章章去旅游了。

闲聊中，章章脸上洋溢着幸福又假装委屈地说："他们俩去旅游了，把我丢在家上课。"

章章脸上的幸福是他父母的恩爱给予的。

一旁的波波，呵呵地笑着。

波波妈妈把波波看得太重，重到失去自我，甚至失去了爱情。省吃俭用都是为了波波，看起来是那样无私。

章章，独立、勇敢、有主见。

波波，依赖、胆怯、随大溜。

每个家长都深爱着自己的孩子，甚至可以付出生命。

哪位妈妈自私，我也说不清了。

四

娜娜的爷爷是一位很出名的中医，慕名找他看病的人很多。

老人家不仅看病在行，对事物的本质也看得通透，和他交流，总是获益良多。

给娜娜上完课，我和老爷子聊了几句。

老爷子谈笑自若地说："你这个教学和我这个看病本质上是一回事。"

我不懂，愣在那。

他继续说："万事万物都在寻求平衡，平衡一破，问题就出来了。像人体与自然界失和谐，属外感病；人体自身失和谐，属内伤病；人体与社会失和谐，属精神行为病。"

我蒙了，愣在那。

他又说："病，是以某种方式提醒你，让你知道你的生活方式或者思维模式出了问题，破坏了平衡。别人找我看病，实质是帮他们调节平衡。"

我似乎有些明白了。

他微微一笑，接着说："你给娜娜补课，实质上是给娜娜调学习上的平衡。就像作业留得很多，量很大，补过了，她不愿学了不行；上课讲个笑话，孩子心情愉悦，能开开心心最大限度地掌握知识。总之呢，就是遇到疑难杂症时，要主次分明，或攻补兼施，或调补结合。"

我懂了，崇拜地看着他。

辅导，其实就是诊病。良医庸医的区别不在于方子有多少味药，而在于是否对症下药，因病施治，让身体自身达到平衡。良师庸师的区别不在于讲了多少题，而在于是否理解、支持孩子，因材施教，唤醒孩子学习的欲望。不能在不了解学生，弄不清、审不明、心里没底的情况下，弄一大堆试题，寄希望于多做题。

老爷子多睿智，多通透！

五

陌陌对我说："我觉得我很不幸。"

"怎么会这样说呢？"

"我妈妈一点也不爱我，我很委屈。"

我有些疑惑地问："发生了什么？你妈妈是爱你的，她把好的东西都留给了你。"

陌陌显然有些激动："我情愿不要她的东西。"

"能说一下发生了什么事情吗？"

陌陌说："我这一次期末物理得了92分，班级第一，我物理老师都说了这么难的试题，能考90分以上很厉害，老师还表扬了我。可你知道吗，我妈妈竟然说，上次期中考了98分，指定是我这段时间没好好学习成绩才退步的。"

我开始意识到，陌陌妈妈这样的语言确实刺痛了陌陌。

我想找合适的词汇和陌陌聊聊，可最终也没有找到。

陌陌又说："我妈妈根本就不理解我。"

我的神经一下子被触碰到，此刻，我才懂得，拥有富裕的物质生活，而缺少理解，也不会感到爱，清贫的生活中带有理解，爱意依旧。

爱，其实是理解。

六

磊磊妈妈又发火了，对着磊磊不停地数落。

已经记不清，这是第几次了。

也记不清，之前是因为什么事发火。

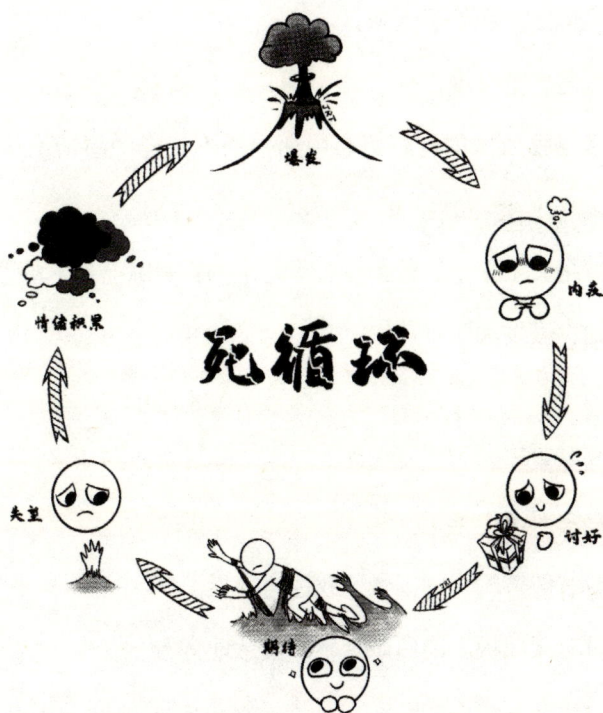

像，不好好吃饭，成绩不如意，破坏了东西……

总之，就是和自己心中的期望不一样。

火气消退，倍感亏欠，

觉得把磊磊带到世上不该这样对他，

开始讨好磊磊，做好吃的，买好喝的……

心中立下誓言一定控制情绪，

慢慢地，

他们的关系好了起来。

可是，渐渐地，

当磊磊所做的与妈妈心中期望的不一样的事情堆积在一起时，

情绪又上来了，曾经在心里立下的誓言就全部忘掉了，

她，又发火了。

……

磊磊累了。

磊磊妈妈也累了。

看着似曾相识的场景，我也有些累了。

只有天花板上的白炽灯不知疲惫地亮着。

情感与学习

若彤是个除数学以外其他科目成绩都非常好的女孩。为此，对于数学，她们家没少花时间，没少花金钱，没少花心思。

我给她边咨询边授课。

一段时间后，若彤妈妈惊呆了。"回家做数学作业做到很晚，甚至五点多起床也会做数学题。她对数学的态度，跟之前完全不一样。我真不能相信这是同一个人。"

这算不上什么不同寻常的事情。我们很多人，都把这样的学习态度归结成"毅力""自律"。其实不然，是孩子掌握了学习方法，付出努力后获得认可，拥有了成就感、存在感，是价值的体现，是情感的驱动。

任何人都知道努力付出才会获得成功。最终还是那么多人三天打鱼两天晒网，只有极少数人懂得优化减少用力的程度。到最后你会发现，对于任何事情，真正能坚持下来的，没有一个是需要备受煎熬地坚持下来的，而那种在黑暗中摸索坚持的勇气，其实就是对事情的热爱。

当然，一些成绩好的孩子在学习和玩之间义无反顾地选择玩。其实很好解释，尽管我们每个人都知道快乐意味着什么，然而却经常以自欺欺人的方式寻找快乐，或者体验短暂的低级的快乐。每个人每天受到无数信息的诱惑，又有层出不穷的娱乐方式制造低级快乐，这种快乐的特征是短暂的、不持久的。然而，有一种高级的快乐，一种有意义的快乐，人们将自尊心建立在对整个社会的贡献上，体现着自我价值获得更厚重、更恒久的愉悦，这种快乐的特征是厚重的、持久的。

我们探求的是学习真实的样子，必须用心感受孩子们当时最真实的心境。我们"读取"到他们的情感，这超出了行为和事情本身。因为理解，我们知道了相同的行为为什么截然不同。两个学生，一个会学习成绩好，一个不会学习成绩差，同样的一节课，会学习的孩子感觉时间过得很快，安安静静听课，我们夸他有毅力，刻苦；不会学习的孩子感觉日长似岁，煎熬地听着课，我们骂他没有毅力，不刻苦。我们不知道，会学习的孩子不是刻苦，是投入到学习中享受着学习，是快乐的；不会学习的孩子不是不刻苦，是没有进入学习状态，煎熬着痛苦着。

因为缺少理解，我们犯了用词不当的错误。

我们习惯于用"毅力""恒心""勤奋"这类词来夸赞在某一领域的佼佼者。而"消极""松懈""懒惰"自然成了没有成就的人的标签。实验室里废寝忘食的科学家，画室里通宵达旦的画家，他们和热恋当中的男女一样，完全是一种情感的驱动，不全是靠毅力坚持下来的。他们从事自己喜爱的工作，因全神贯注达到一种物我两忘、乐此不疲的状态。而这种状态是很少人能体验到的终极快乐。

人都有趋利避害的共性，追求快乐、逃避痛苦，自然是人的天性。做作业时，学生都会把自己不擅长或者反感的科目放到最后，其本质就是逃避反感带来的痛苦。

然而，遗憾的是，我们并不了解这些。现实中，我们只关注他人的身却忽略了他人的心，"身心分离"的我们不会产生相似感或亲近感，也不会唤出他人身上真正需要改变的方面，熟悉的对象和我们都产生了陌生感。

当这样的事情发生时，一个人在这场戏剧中就由主角变成了配角。原因是，作为戏剧导演的我们没有揣摩到他的心理，没有给予巧妙的舞台指导。虽然在我们看来他是完成了这出戏，但角色的复杂心理和情感的拿捏我们感受不到。

其实，每个人都是演员，一会儿主角一会儿配角。我们的生活和别人的生活交织在一起构成了我们一个一个的故事。故事里，依据洞察力或后见之明，我们能看清他人的某个方面或他人的内心世界，那时的样子那时的气息形成了一种"感觉"，这"感觉"被储存起来成了过往。

过往与其说是由人和事构成，不如说由感觉组成。

若彤的故事，是一种感觉。

已记不清她的样子，给她辅导的感觉成了特别的记忆。

初见若彤，她正念初三，高高的个子，微胖，再具体的样貌记不清了。她有些不苟言笑，主要是眼里没有光。当时我们谁也不会想到，后来数学成了她最好的科目。

关于若彤，如果不是因为在给她辅导之前她爸爸单独和我沟通过，我就不会对若彤有那么多的"理解"。得知她在数学学习上的经历与我小时的经历惊人的相似，当时我有一种贴近超现实的疼痛感，回想起那段陷入无力和绝望的日子，指引着我对若彤多些理解多些耐心。

在小学和初中的数学学习过程中，她爸妈一直觉得她对数学学习不用心。而若彤这方面，一直怀疑自己，否定自己，觉得数学好的人都是有特异天赋的聪明人。但我知道，她只是因为自我否定后，脑能输不出来，像极了小时的我。

所谓"用心"的深层含义，其实是对学习有了感情。在做自己喜欢的事情时，全神贯注到忘我的状态，忘却当前时间的流逝及周遭一切的变化。完全来自他们的内在兴趣，而兴趣又恰是事件本身带来的存在感、成就感、价值感，这也是学习的最佳状态。

得知道学习是脑力劳动，脑力劳动的特点是劳动者必须处于主动状态。想让一个孩子在学习上取得成功，必须想办法用间接手段激发出他自己想要学习的意愿，他自己内心想学，学习才会好。无论是"什么"，只要影响到主动的意愿，脑能就无法输出，学习必然不会好。

若彤家的亲戚们相处得非常好，真的像一个大家族，来往亲密，感情深厚。因为家里住得都不远，会经常聚在一起，她从小就和堂哥、表姐一起长大。堂哥和表姐们比若彤大两三岁。大人们聚在一起总会出一些算术之类的问题考查孩子们来"助兴"。

由于年龄小，再加上哥哥姐姐们有的已经上学，一些问题若彤还没有听明白他们就已经抢答了，因此常常感觉低人一等。一大家人热热闹闹的氛围，她始终都觉得难以融入。后来她告诉我，她害怕那种场合。也就从那时开始，她脑子里有了"我很笨""别人都是天才"的想法。每当遇到数学问题，她脑子第一反应是自己不会，即便模仿老师的步骤格式做出来，也总觉得是错误的。

若彤上了小学，她对数学的抵触情绪更强烈。老师会在家长群里表扬考试和作业优秀的学生，而她则成了在群里被点名批评的对象。数学课上，她总是害怕老师提问她，也害怕作业（她不会）。再后来，有的人建议若彤的父母带着若彤测试智力。若彤的妈妈竟然也觉得她智力低下，因为若彤妈妈后来对我说，她怀疑是不是她怀孕时吃了什么不该吃的东西，伤害了她的脑子。

回顾自己的学习历程时，若彤说："我感觉同学之间亲近又疏远，我很想和她们一起玩，可因为自己糟糕的数学成绩又觉得和她们格格不入，害怕自己会被嫌弃。"

那一刻，我竟然觉得，若彤的现状犹如她小时家庭聚会的延伸。从某种意义上讲，若彤小时家庭聚会的经历"塑造"了她现在的样子，她一直觉得这也是自己该有的样子。看似简单的东西，对她来说却如此复杂，触摸不到一点成就感，想挣脱想改变，才发现连努力的方向和方法都没有，无助又可怜。

许多家长和若彤的父母一样，对学习知之甚少。

学习是人的本能行为。本能，就会受到主观感觉的影响。

对于一件事情的发生，我们的身体会记住当时做此事的感受。不管当时的感受是好是坏，这种感受都会储存在我们的意识里，同样的事情再次发生时，这种感觉会自动出现。

最初的学习体验，已经有了对学习态度的痕迹。

当孩子最初接触学习时，恰好这个年龄适合接受这个知识，良好的环境下孩子有着好的状态，有方法地学会了，感觉到了愉悦，获得胜任感，碰巧的是，孩子又得到你的肯定和夸赞，喜悦的感受和学习这件事联结在一起。再学这类知识时，孩子主观感受是愉悦的，是主动的，兴趣就此产生。

现实中，家长和学生面临着升学压力，加上急功近利的辅导模式，如今孩子的心情被我们忽略了。甚至家长觉得孩子成绩不好是因为"太懒""粗心"，对待学习过于功利，反而忽略了学习本身是件快乐的事情。

若彤中学时，无助感和压抑感缠绕在一起折磨着她。"每天的数学课，对我来讲都是煎熬，只有当天数学课结束才觉得这一天轻松。"对若彤来说，这样的日子实在让人难受。她的数学成绩也成了班里名副其实的倒数第一。这样的成绩对于她爸妈来讲，会让他们焦虑到睡不好觉。都知道上学是通往成功的路，可这个成绩连高中都考不上。

这种情况下，若彤爸妈开始到处打听寻找所谓靠谱的各种辅导班。但大多数的辅导模式都是给套试题先做，然后讲错题。可这个时候的若彤，做的试题几乎都不会。面对讲了好几遍的试题，若彤还是不会，一些老师会发出"唉"的叹息声。我们不知道的是，一声叹息对若彤意味着"我真的无药可救"。

因为从若彤爸爸那提前得知了很多信息，所以在思索第一次应该和若彤交流什么时，我构造了一个个的假象。其目的是让她感到自己得到认可，更重要的是，让她知道自己通过付出，学习一定会好起来的。

和若彤见面，算是精心策划后巧妙的安排。

那个时候的若彤开始抵触辅导，那几年，她那颗小小的心被撕得千疮百孔。也许是处在中学阶段敏感时期，她开始对父母有了反抗情绪，一提辅导她就闹。她的理由是："辅导对我没有任何作用，不要浪费钱，我就是笨。"

最终的方案是我以他爸爸好朋友的角色去她家做客，找个合适的机会再和她谈谈数学的学习问题。

一个上午，我见到了个子高高有些微胖的若彤，我不记得当时她什么表情，只记得若彤在她爸爸的指引下说了一声"叔叔好"，然后就跑回了自己的房间。

那刻，我内心确实不安，只知道自己是在配合演一出不知道结局的戏，脑子里一片混沌，不知道自己的具体台词，要根据对方的情况细心揣摩角色并扮演好角色，最终的结局还得往若彤对数学感兴趣的方向引领。

若彤被她爸爸从屋子里叫了出来。他告诉若彤，这个叔叔是位很厉害的数学老师，你和他聊聊。

我察觉到这个时候的若彤眼里没有光，应该是对数学这一类的东西都反感。在我看向她的时候，我发现她当时似乎很认真地观察了一下我，我猜想她脑海里应该出现了"我那么笨，多厉害的老师都没有用"的想法。然后很从容地说：

"不想聊。"

我看到她爸爸的脸沉了下来。我急忙说："以后有时间让若彤去我那，今天咱们不谈学习。"

在当时的我看来，若彤应该对与数学相关的一切都有厌烦感，包括那时的我。但我知道，我不能花心思去给她讲道理谈人生，我要根据她爸爸对她故事的描述，去尽力理解若彤的感受，找机会把这种感受用别人的故事呈现出来，让她看到"自己"。我相信因为爱、扶持和鼓励，若彤的内心会照进阳光。她会找到合适的措辞与我交流。

为了把这出戏演得更真实，我留在她们家吃饭。

饭桌上，若彤爸妈总在找机会让若彤和我聊数学。我也一直在强调我的态度：今天不谈学习。然而，我总在有意识地找准机会谈我上学那会儿的故事，主要是展现当时不被理解的痛，传达那时的无助与苦恼。

我注意到听故事的若彤眼神里的东西——同病相怜。说实话，那一刻，我竟然觉得自己是能够启迪或拯救若彤的人。慢慢地我知道，这种感觉是许多个类似的故事累积在一起逐渐固化成的一种预判力。

大概过了半个月时间，若彤爸爸打电话跟我说，让我安排一下时间，经过对若彤的劝导，最终她同意听一下我的课。

第二天，若彤被她爸爸带到了我这里。这是我们的第二次见面。

我遇到太多和若彤类似的孩子，从实战经验上来讲，若彤这样的孩子有很多相似之处，他们渴望的是被理解。一个仔细且善于观察的老师不会在开始就一味地讲知识点，重要的是去洞察学生身上"不爱学或学不会"的证据，尤其是对于那些在实际学习过程中始终怀疑自己的学生。

其实，有些学生不相信有人可以帮助自己，是因为在他们的经历中，自己的痛苦从没有被关注过。

我努力寻找让若彤感到被理解的部分。

对每一个人都需要寻找一种方法，带着尊重态度阐述学生不愿暴露的话题，我便直截了当地问："是不是感觉自己很笨，那些数学好的学生都是大神？"

因为我要根据她的神情和语气来做出预判，所以我认认真真地看着她的样子，我注意到她的表情有些惊讶。或许，当时她想，这老师怎么知道我心里的想法？

她认真地回："嗯。你怎么知道的？"

"我当然知道，我还知道你学不好数学的原因就是这个感觉导致的。"

她惊愕了。

她没有再说话，只是转动着手里的笔，像思考着什么。

我看着这样的她，告诉自己要多些理解。

一开始，若彤就连基本的整式运算都不会，我在给她讲完公式原理后，她做题竟然全错了，错误千奇百怪、各式各样。而我，并没有批改试题指出她的错误，因为我知道她落下的太多。我把她错的试题所对应的知识点讲解一遍，又让她重新做了一遍。结果，还是错了很多。我还是没有指出她的错误。我又把错题所对应的知识点讲解了一遍，顺便说："一会儿再做一遍。"

接下来，我开始给她讲几何部分的内容。

快下课时，我又拿出一开始做的试题，又让她做了一遍。结果，对了一多半。

我对这三次的试题做了批改。第一次全错，第二次对了2个，第三次对了6个。这也是我为什么第一次第二次没有指出她错题的原因。

对于若彤来讲，错题在这个时候看来，应该像个难以降服的怪兽，会吞噬掉她该有的信心，造成极度的恐惧感。

因为我知道，如果她知道第一次全错了，她脆弱的心崩溃了，这节课可能就没了心情，这类孩子更需要支持和认可。

在这个过程中，也许最好的方法是给出最诚实且带有鼓励性的回答来消除学生的担心和恐惧。

我用很低的声音说："看到了吧，第三次你做对了一多半。第一次没有做对，说明知识点还是有漏洞的。我讲了两遍知识点，正确率就 60% 以上，很棒。其实，目前我很喜欢你做错，因为你之前的基础太差，通过你的错误我就可以把相应的知识点给你补充到笔记本上。以后怎么想就怎么做，不要害怕出错。慢慢地你会惊奇地发现你不会做错了。"在讲话的过程中，我还会在合适的时候竖起大拇指。我察觉到，我说这些话的时候若彤能感受到我对她充满了信心。

晚上，我接到若彤妈妈的电话。她开心地说："若彤可以听懂课了，觉得跟你学习数学会进步——"然后就是一些感谢之类的客套话。

听到这些话，我没有多么兴奋和自豪。我心里明白，其实接下来的过程会更艰难。只有把她脑子里吞噬她自信的怪兽除掉，才算真正"听懂课"，不然它会随时反扑。我说了句："感谢认可，一定全力以赴。"

在要挂断电话的那一刻，她突然问我留了什么作业。

我说，没留作业。

因为我知道，还不是时候。后来，她妈妈对我说："一开始，你啥作业也不留，觉得你是个不负责的老师。"

我解释。

做饭，同样的原材料，不同的厨师做出的味道却有差异，是因为厨师对火候的掌握不一样。学习也一样，同样的知识点不同的老师讲，学生的接受程度也存在差异，是因为老师对学生情感的把握不一样。我所做的任何事情，都是让若彤驱走住在她脑子里的怪兽——"我很笨"的观念，因为我知道，在若彤还没有夯实基础，没有掌握一定的学习方法的情况下，那些作业会把这只怪兽喂得更大。

不过，接下来的几节课，确确实实让我有些着急，甚至气愤。

作为老师，一个题讲了很多遍，依然错，每次错的方式竟然都不相同，确实让人气愤。我想，老师们每年都会遇到类似的学生，耐心被慢慢地消耗掉之后心理疲惫，引发各种逃避的行为：开始抑制自己的同情心，或者认为这类孩子是智商有问题。

作为学生，每次都模仿着老师的格式去做，感觉对但结果都错，确实让人苦恼。我想，这些学生经常遇到类似的情况，信心被一点点地吞噬掉之后心里无望表现种种消极的行为：开始不思进取自我放弃，或者认为自己天生就是蠢人。

每个人的任何行为都有其原因。

理解之后，我突然不着急了，更觉得自己是会启迪她的那个人。

每节课前 40 分钟是我带着若彤通过一问一答的形式来提升她的专注力，在宽松、同情的环境下，我时刻关注着她的表情，通过她的表情匹配试题的难度，让她感受到真正理解知识点能做对试题的成就感，不断强化她的信心，不断让她积累成功的经验。最终，创造一个真心支持她的环境。

在我们相互配合一问一答的情况下，若彤表现得确实很好。

但是，在单独去做的时候，她的步骤和书写又变成了之前的杂乱无章，很显然她没有真正理解。

我没有气愤，因为我知道她的内心比我还要痛苦。

我轻轻地对她说："注重逻辑，因为什么，所以什么，得有道理。不能模仿着去做，而是理解着去做。你怎么想就怎么写。"在讲这些话的时候，我把语速放慢了些，这样会让若彤有充分的时间去理解这些话，还能让她感觉到我对她有足够的耐心。

她沉默着。

我又接着说："我饿了，我想去厕所。你会怎么想？"

她笑了。

她边笑边说："老师，饿了不去吃饭你去厕所干吗？"

我一脸严肃地看着若彤，直到她不再笑。

若彤显然不好意思。她撇着小嘴说："不好意思啊，您接着讲。"

我端起桌子上的茶杯，喝了一口，茶很好，入口时苦涩微甜，苦涩味稍重，可细细回味时，才发觉甜味逐渐超过苦涩味，最终以清甜的味道结束。

"其实，做题也一样，因为什么条件，所以带来什么结论。我们不能犯因为饿了就去厕所的错误。"怀着对若彤的期许，我讲出了自认为富有哲理的话。

她心领神会地点点头。

再后来，她做的每个题每个步骤我都让她说出理由。我总告诉她："错了不要紧，错了我才能找到你的问题，补充相应的知识点。"

　　或许是因为知识点的累积，或许一点点建立了自信，也或许我对她辅导的方式是对的，她就像一个打通了任督二脉练就盖世神功的武林高手一样，竟然不畏惧试题了。

　　她竟然兴奋地说："这个试题我真的会了。"

　　我知道机会来了。我等类似的话等了很久很久。

　　对于类似若彤的学生，我一直采取的策略是：时刻察觉他们情感和情绪的表达，当他们表现出积极向上的情绪时，我开始着重讲述他们过去的经历，并不断让他们聚焦于当下的体验感受，然后开始探索欲望及梦想，只要这样保持下去就会取得什么样的成绩。总之，中心思想就是传达他们有很强的学习能力，要自信，要付出。比如，我对若彤说："之前是不是觉得学习很难，很痛苦？现在学会了，是不是很兴奋？好好体验这种美妙的感受。其实，你只要肯努力，你的能力考120分以上会很轻松。"

　　为了让她这个自信和兴奋的感觉维持下去，我说："在这个试题旁，写下'我真的会了'。当你看到这几个字时，你要想想此刻兴奋的感觉。"

　　她使劲地点着头。

　　她突然说："上过那么多的辅导课，只有你懂我。"

我笑着说："是吗？"

是懂吗？只是我们两个有过同样的经历。

瞬间，我觉得我对若彤的辅导是有意义的，因为理解控制了自己着急的情绪，不讨好、不诋毁，用理解和尊重一点点让她产生力量。而且，这个力量不是短暂的，是持久的，因为住在她头脑里的那只怪兽被扼杀了。

教育不只是讲知识，更主要的是理解自己对学生的意义，

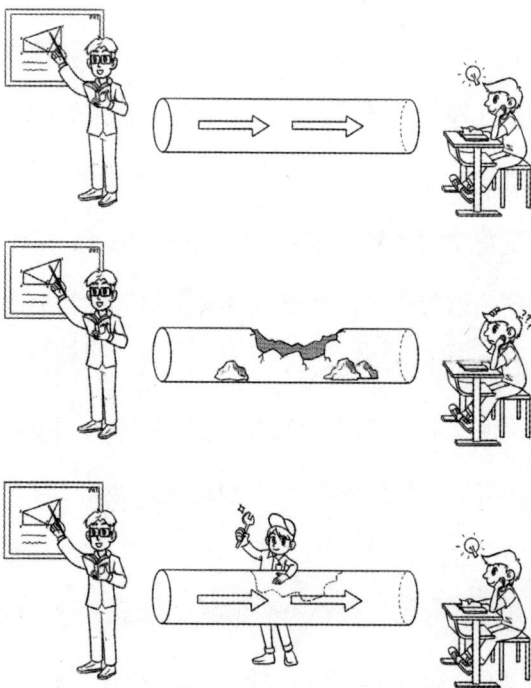

构建学生对自己的意义。缺少了理解，就会伤害学生的自尊，强化其厌学的情绪。

在应试教育背景下，我们太多的老师把更多的精力放在总结试题模型、答题套路上，这当然没错，对有学习能力的孩子来讲，帮助性的确很大。然而，我们很多人不知道，一些学生压根就不想听。要知道，接受者准备好，给予者才能出现。

由于一些老师长期辅导学习能力强的学生，他们的教学能力在这些学生身上展现得淋漓尽致，于是，在他们的潜意识当中固化成了"听懂的学生聪明""听不懂的学生笨"的想法。甚至还会高傲地说："我只教高水平的学生。"由于我们的教学过程中缺少理解，很多人没有共情的心理，只会单方向地去思考这个问题。而一旦这个单方向的印象形成烙印，无论多少证据都不能改变他已经形成的观念，这很可怕，也很悲哀。

尽管好的成绩会需要模型思想和答题策略，但如果只是不断寻求这些，而缺乏教学中应该给予学生的理解和支持，教学也只是一纸空文，没有意义。

高超的教学水平是技术，理解和尊重是艺术。技术和艺术结合起来唤醒学生对学习的欲望，是一种美。

从若彤的眼神中，我感觉到，已经瓦解了她厌烦数学的顽固念头，她的学习欲望在不知不觉中悄然增强，她总在问"我真的能考 120 分"？我不知道，现在学习数学能不能带给她快乐和幸福，但我确定，她想通过数学成绩来找存在感。

我对若彤所做的一切不是一套标准化的辅导体系，而是我多年沉浸于聆听和理解学生并依据我的经历去努力发现"真相"的感觉。

我真真切切地感觉到若彤像是在无尽黑暗中看到了亮光，亢奋、迫不及待。更重要的是，她不会因为几道不会的题开始怀疑自己，没有恐惧没有畏难，她知道只要想办法，她一定会战胜它。

之前几乎没有作业，是害怕太多不会的试题打击到她。她在童年的时候曾经被无数次否定。

现在要留作业，因为要提高成绩，有目的有针对性地刷题是有必要的。她现在有力量掌控自己所处的环境。

事实上很多人都觉得奇怪，惊奇之前一个不爱学习的孩子突然像变了一个人，喜欢学习且主动去做作业。因为很多时候她无法逃脱"我很笨"的自我意识，她想努力学习获得好成绩，但是实现不了，她就认为是因为自己笨。她就想寻求外力帮助，可很多时候她获得的是一句"你真笨"。因此，希望彻底消失。如果我们不能把她从这种自我否定的观念中拉出来，她就会一直这样下去，别人的否定只会强化她很笨的想法。

获得一个人的信任，或许只需要陪他走过那段最煎熬最挣扎的时光。

我陪着若彤走出了她自以为不可能走出的黑暗，她着实对我一点怀疑都没有。

我根据若彤的情况合理地设计作业。为了防止那只怪兽反扑，我强调："好好完成作业，考 120 分以上指日可待。不过，遇到不会的试题是正常的，得知道，每一个不会的试题相当于一个困难，每解决一个困难相当于能力提升一个段位，允许自己犯错。"

"不会我也不会害怕，我知道我能学会。"她自信地说，眼里带着光。

我见过太多的家长，一看到孩子做错题就焦虑到坐立不安。在他们看来，就不该错，就不能错。从另一个角度看，或许我们的心会舒畅：只有自己真正解决了这个困难，下次再遇到这个困难时，你才会坦然，因为你曾经打败过它，知道解决它的办法。

剥夺了克服困难的机会，却又想着让他拥有解决困难的能力，这不公平。

我们不应该担心他们做错，而是探求做错后应该如何解决。

依据若彤在试题上的画图、标记，看得出来，她很用心。她妈妈惊奇着，若彤跟变了个人似的，作业先写数学，连吃饭的时候手里都比划着几何图形。对若彤来说，她享受"会做数学"带给她的成就感，她犹如迷失在黑暗中的人，忽然看到了一盏灯，给她照亮了前行的路，不停地奔跑，感觉不到累。

方向对了，方法对了。她期末数学成绩是 126 分，更不可思议的是，这成绩是所有科目当中的最高分，之前最弱的科目竟然成了成绩最好的科目。

若彤从书包里拿出试卷，在我面前摇晃着，眼神中的那种无助消失了，脸上浮现出的是激动和喜悦。

"老师，我数学 126 分，历史最高分。"她激动地说。

一时间，我却找不到夸赞她的词，我朝她竖起大拇指，激动地说："厉害，厉害……"

"我会更努力。"

我没再说话，用手里的学案在她头上轻轻敲了一下，暗示她，我相信你。

教室内，教室外，熙熙攘攘的学生来来往往。

我突然有些悲伤，准确地讲，是一种慑人的恐怖。依据成绩，我们把学生分成了基础弱的和基础扎实的，基础弱就

该多练基础，基础扎实就该多练压轴难题。很少通过学生的言语和情绪米揣摩其心理特征，不能更好地理解学生去支持他们，而是用如出一辙的方式对待他们。

当我们给学生贴上"学霸"或"学渣"的标签，学生被我们唤醒"学霸"的品质，或者学生被我们创造出"学渣"的特性，我们的意识指导着我们做出对应的态度。我们都有某些特性，这些特性可能增加我们被以某种特殊的方式对待，或者被选中与特定的人演相应的戏码，或者在某种特定情境中扮演对应角色的可能性。

有时，学渣和学霸之间的区别，不在于其成绩如何，而在于他们被如何对待。

我的耳朵

"焦虑""信任"这类词每回听起来都很无感，只有落到每个人自己身上的时候才有感觉，现在我终于有了体会。

不知道什么时候开始，我右耳朵有些闷堵，自己一开始觉得是上火所致，可慢慢地右侧脸有些麻木，这时我意识到问题有些严重。

我把自己的症状输入浏览器搜索答案，竟然查出了一堆与症状相符的病，像"面部神经受损""外耳道炎""面部神经发炎""耵聍栓塞"等，有建议挂神经科的，有建议挂耳鼻喉科的。

最后查来查去，查得自己心惊肉跳，20分钟过去了，竟然发现自己真的遇到了大麻烦。

整个下午，自己开始乱琢磨，一点工作的心情都没有。我开始怀疑自己的健康状态，陷入了深深的焦虑之中。

经过思量，我选择挂耳鼻喉科，于是，接下来我又开始查询本市最好的耳鼻喉医院，这个科室里最好的医生是谁，这个医生的教育背景和工作经历。最终，我在网上预约了一个得有 60 多岁的医生。

第二天一早，我就来到了医院，先是充钱开卡再是分诊台取号，发现我前面还有 8 个人，我想找个地方坐一会儿，等待区的座椅上早已坐满了人。于是，我就到处溜达，看着墙上各个医生的简介，看着躺在护理床上被推着走的病人，看着每个人脸上的神情，急促又恐惧。

这里，折射出世间的人生百态，我看到了很多心酸的场面，也看到了最残酷的现实。这一瞬间，忽然感觉曾经纠结担心的事情都是小事，我甚至觉得能健康活着就是幸福。

我看到屏幕上显示着号码和我的名字，下一位就是我。

我来到诊室门口等候，不一会儿，里面传出了声音："徐恩营。"

走进去，看到一位身穿白大褂的医生，比网上照片显得大很多，让人觉得比较放心。

她表情平常地说："哪不舒服？"

我说："我右耳朵闷堵得难受，右侧脸也有些木木的。"

"多久了？"她说。

"得有半个多月了，一开始我只是觉得有些堵，现在脸感觉有些木。"我认真地说。

她用专业的仪器检查完我的右耳道说："这是真菌感染。"

我问："医生，没什么事吧？"

其实，我渴望的答案是从她口里说"没事"，希望使自己心里踏实，可以抵制内心的焦虑和痛苦。

可她来了一句："真菌感染不太容易好！"

那时，"不太容易好"的观念就根植在我心里。

我真的体会到，一句话真的会给人巨大的力量，甚至可以支撑一个人，也可以打垮一个人。

接着就是开药告诉我怎么使用及注意事项：先用苯酚滴耳液，每天三次每次两滴，三天后再来取出软化栓塞的耵聍，还要注意不要用同一个东西掏两只耳朵。

三天后，我再次来到医院，医生经过一系列的操作，我闷堵的耳朵一下子轻松了。

医生又开了一种药：硼酸酒精。告诉我一天三次，每次三滴。

尽管我也按照医生的要求滴药，可一个星期左右的时候耳朵开始痒，半个月的时候耳朵又开始闷堵。

半年里，每半个月我都会准时去这个医生那报到。在耳朵里取出一些东西就轻松很多。

再后来，她居然认得我了："你怎么又来了？"

我连忙解释说："医生，我耳朵真闷堵得难受。"

我看得出来，她有些烦了，我也很烦。真的验证了她说的那句话"不太容易好"。

自此，我没有再去那个医院。

每当耳朵闷堵时，我都会去街上的采耳店清洗一下，清洗完之后也会维持半个月左右的样子。

再后来，我觉得这样反反复复不是办法，肯定还是有病因的。

于是，我又做了个大胆的决定，明天去另一个三甲医院，去耳鼻喉科室随机挂一个号，不管医生怎么要求我都严格执行。

这一次，给我诊断的是一位中年男医生，问着同样的问题，也给出了同样的诊断结果：真菌感染。不一样的是，他说："没事，连续一周用双氧水每天早晚各一次泡耳朵三分钟，会有泡沫往外溢，是正常的，不用紧张。"

我又把之前看病的经历及用药情况一一告诉他，他的回答是，之前的药也是治疗真菌感染的。

我又认认真真地问了一句："真的没事吧，医生？"

他笃定地说："没事。泡一个星期后，感觉什么症状都没有就不用来了。"

可能是信任，可能是他的一句"没事"，一个星期后，耳朵什么症状都没有了。

相信的力量，真的影响着一个人。

我也似乎有些明白了，第一次去过医院后耳朵始终没有好的原因，大概是"不太容易好"这个观念在作祟。

每一个第一次接触的学生，我都会想象着他改变后的样子，因为我坚信他会改变会提升。

很多时候，给学生辅导完功课后，一些家长总会问："老师，这孩子怎么样，能力没问题吧？"

我的回答："没问题。很好的孩子。"

我知道，家长渴望从我口里确认孩子"没问题"，我还知道，只有以信任为前提的辅导才会起到好的效果。

对很多人而言，"信任"是一个令人尴尬的词，一些老师没有体察孩子内心的苦楚并且内心否定着这个孩子，再用盛气凌人的态度给孩子贴上"真够笨""能力一般"之类的标签，最后用"梦想""人生"之类的话，告诫孩子好好学习，意味深长地说着：相信你。

如果家长和老师能用理解而非骄横的态度去表达，能对不同的学生用充满共情的语气去肯定，"信任"就产生了巨大的能量。

当我们对某件事充满信任，其实相当于我们把处事频率和接受成功的频率调到了一个频道，我们的能量频率对了，所以我们总能接受好的运气，事情很容易成功，这是很奇妙的事！

有时，我们对某件事情特别渴望，然而我们的潜意识总不相信，在这个事情上我们付出了很多努力，结果却很糟糕，我们就像被诅咒一样无法逃脱。

因为一个词，会听见某个名字，会想起某些事情，然后呈现出当时的情况和感受。

给子文辅导了两次课后，在学校的一次周测中，他考了很好的成绩。

子文妈妈给我打电话说着感谢之类的话，又说之前找过很多老师，效果都不明显，说我两节课就把孩子成绩提上去了，然后对我又是一顿夸。

然而，我总觉得不真实。

我强调着，这是孩子努力和之前老师孜孜不倦付出的结果。

孩子取得好成绩，是老师成就感、存在感彰显的时刻，可我知道，如果把功劳扣在自己的头上是多么的荒谬。因为，这两节课我讲的内容不是他周测的内容，而是子文上个辅导老师给强化的内容。只是碰巧在上我课的期间，他取得了好成绩。功劳应该是上一位辅导老师的，更准确地讲，是家长、老师和孩子共同合作的结果。

滑稽的是，很多老师利用学生的认同，自恋地表现出个人品位，然后批判着：跟着我学了三节课到达多少分，跟着其他老师学那么久还没提高。真正的老师，应该表现出普通人的良好品德——同情、理解、支持、包容、责任，而不应该一味地在学生面前将自己塑造成救世主一样。

似曾相识的故事总在不断地发生着，依据之前的一些故事，我竟然有了觉察故事发展方向的能力——子文不会跟着我学太久。

我们对怀疑的表达方式不同，否定、愤怒，甚至还有夸赞。

最初是不切实际的夸赞，最后是不切实际的指责。

第一次接触子文，我就想象着他改变之后的样子。然而，他妈妈以那种不切实际又所谓处世圆滑的方式不断掩盖问题的本质。在我和子文辅导期间，总感觉一只无形的手在撕扯自己。

后来，子文妈妈几乎隔几天就会给我打电话，问孩子成绩能到什么分数，能稳在第几名。

我的回答总是，我不确定成绩达到多少分，因为影响成绩的因素太多，我能做到的是想办法让孩子对这个科目感兴趣，不畏惧这个科目。

显然，我的回答不能让她满意。

她着急地问："期末呢？期末成绩一定能上来吧，同事都说您很厉害的。"

然后，我就给她讲着子文最近在学习上进步的种种。

或许是反反复复换了很多老师，而成绩又没有显著的改变，这也硬生生地给子文贴上了"笨"的标签。他的书写和步骤完全是随意的。

通过书写，我肯定，很多知识对他来讲是模棱两可的。

于是，我想到一个办法，先把学案上的试题讲一遍，边讲边用铅笔认认真真地把步骤写在学案上。

然后问他："会了吗？"

他使劲地点着头说："会了。"

我用橡皮擦掉刚刚写的内容。对他说："会了，你再重新做一遍。"

结果，他的书写和步骤堪称完美。

一个学生的书写可以反映出他对知识的掌握情况。很多时候，一些孩子不是不想写好，而是他压根就不知道怎么写，就糊弄糊弄潦潦草草地写了。

我轻轻地拍了一下他的肩膀说："原来你可以写得那么好。"

他美滋滋的脸上挂着浅浅的笑容。

当我们对某人产生怀疑时，就会用自己"认为"的方法要求某人来缓解这种怀疑所带来的焦虑。

子文妈妈不依不饶地说："能给孩子做个计划吗，怎样期末才能达到130分以上？"

我实在不想再纠缠下去，直截了当地说："130分以上，我真无法保证。做教学计划对我很轻松，我打开电脑五六分钟就可以做好一份完美的计划，子文的课程随机性很大，很多时候我要照顾的是孩子的心。"

最终，我们没有达成共识。

晚上，我做了个教学计划发给了她。

我见过很多老师给孩子做了很详细的课程计划表，我见过很多做了计划自己又不按照计划授课的老师。我也见过没有给家长做任何课程计划，却时时刻刻关注着孩子的心，时时刻刻支持着孩子的老师。

关心了不该关心的东西，永远都是分数成绩，而忽略了该关心的东西——孩子的心，那颗渴望被理解的心。

我感激上天让我经历的。倘若不是因为小时候当过学渣，经历过一段充满悲痛的黯淡的岁月，现在的我，又有什么不同呢？如果现在不从事教育事业，我是否也会渐渐淡忘痛苦的经历？看着眼前这些不被理解的孩子，借着他们的故事，又让自己体验那种陷入绝望又痛苦的感觉，我深深地理解这些孩子。

得有一个多月，子文妈妈没再给我打电话。

我也是在给子文上课时，得知最近他在学校的周测成绩也不错。

又过了两周。

课上，子文突然对我说："我妈妈一会儿来找你。"

我愣住了："找我？什么事？"

"我月考考得不好。"子文理直气壮地说。

此刻，我甚至觉得子文很可怜。

我明白了，子文受她妈妈的影响，认为成绩不好就是老师的原因，因为我收取了费用。我从情感上也很难想象，自已如痴如醉地追求的事业竟然还要索取报酬，可也不得不承认，这是自己谋生的方式。这工作要求我们不断付出，竭尽全力。

其实，子文妈妈的各种做法与她接触了太多的培训机构有关。

太多的机构为了吸引家长缴费，会签订保证提分协议。包装所谓的金牌讲师，其实就是提高收费标准，充满了自大和贪婪的味道，而且会让家长认为老师的辅导会达到神奇的效果，更讽刺的是，家长们对此深信不疑！

好多教育培训机构出于强烈的经济动机，贩卖焦虑，仿佛所有的孩子都成了问题孩子。与这样的教育机构接触，都会面临一个具体而实际的问题，就是如果孩子成绩很好也应该接受他们的辅导，因为需要稳住保持。如果孩子成绩不好就更应该接受他们的辅导，因为要查缺补漏夯实基础。因此，无论孩子成绩好坏，都可以成为缴费报名的借口。

兜兜转转，从这个机构到那个机构，再到下一个想象中可以提升成绩的机构。这一路，家长们一直被牵着鼻子走。

最终，像子文妈妈这样的家长，只能让老师保证能考到多少分，考到什么名次。

对教育了解太少，对教育持有的错误观念越深，在错的路上走得就越远。

中国著名教育家叶圣陶先生在文集里经常提到"教，是为了不教"这句话。

我一直被这句话震撼，听起来是那么简单，但其实意味深长，里面包含着爱、理解、接纳、支持。

下课后，子文妈妈果然坐在沙发上等着呢。

可能是我知道她来的意图，总觉得哪不得劲。

我看着她，笑了笑——尴尬的笑。

她马上从沙发上站了起来："徐老师，子文这次月考成绩很差。"

"上课时，子文对我说了。课上我们一起分析了试卷。这一次难度很大，他的分数比平均分还高6分呢。他会的都对了。不会的，我给他讲了，也都掌握了。"我回答。

"这个成绩太差了，怎么办？"她说。

我知道，她迫不及待地想让孩子考出高分。她不知道，子文一遇到没有把握的问题就开始敷衍潦草地写。通过他对会的试题的完美书写，我知道子文渴望着完美，渴望着关注。

我还知道，只要子文慢慢地去积淀，掌握了适合他的学习方法，一旦连续几次考出好成绩，就会找到存在感、价值感，他会义无反顾地学下去，成为那种"别人家"主动学习的孩子。

我更知道，"我知道的"不能让她知道。因为她根本不想听这些。

我确实愣了好一会儿，像是思考接下来怎么办："这样吧，我每天留点作业，让子文每天都坚持做做，然后我检查。"

那时，只能先让她静下来，我得拼尽全力让子文下次考出好的成绩。

这样，我每晚增加了一项任务——给子文设置作业，必要时还要用语音讲解一下。

可没坚持几天，子文妈妈给我打电话说学校每天留的作业很多，不用我设置作业了。

不知道为什么，听到这个消息后，我竟然很失落。

悲伤一下子占据了我的胸腔，想解释什么，内心挣扎了许久，最终还是没有说出类似"坚持一下，咱们不能半途而废"之类的话，只急遽地用"好的"结束了对话。

又安安静静地过了一个月。

一个晚上，我接到了子文妈妈的电话。

"期末成绩出来了，很差！"子文妈妈有些愤怒。

"孩子自己分析了吗？您把试卷发给我看看。"我回。

她更着急了，话里带着浓浓的火药味："他会分析吗？发给你有什么用？"

"我知道您很着急，我们得想办法解决问题。"我说。

她回："我没有着急。你说想什么办法？"

"您把试卷发给我看看，您也让孩子分析一下试卷。"我这样回答她。

"我不明白，我发给你试卷有什么用！"她声音尖锐地回答道。

一瞬间，我像被人重击一般，想开口说点什么，却怎么也找不到合适的话。我才意识到，她说得没有毛病，都考完了成绩都出来了，要试卷又有何用？

理解之后，我淡淡地说："要不您和孩子换个老师试试。"

"你是没有办法了？"她继续说。

"嗯。"我说。

然后，那边挂掉了电话。

也就是在这一刻，我更加懂得了理解。

　　她和我一样，她只是需要再换一家"医院"看"耳朵"。

　　过去的日子无非就是一些人离开，一些事模糊淡忘。新的日子，在新的地方又和与众不同的人编织着似曾相识的故事，只不过对一些人，一些事，不争，不辩，不解释，因为，我已从曾经的人和事中找到了答案。

一碗拉面的幸福

夜里，雨很大，也很吵。

被吵醒后，再入睡确实很困难。

起床后走到窗前，灯火通明，车辆川流不息，仿佛成为雨中最独特的景象。雨呢，越下越大，大到盖住了车辆和人群的喧嚣，迎来的是一种孤独和安静。

也只有在这个时刻，才觉得这样的孤独是一种清欢，是一种自由，才能感受到真正的自己，不争不抢不攀比，享受着这样的舒服。然而，我们终究还会戴上面具，在不同场合面对不同的人说着不同的话，虚伪地迎合着别人；我们也会急切地通过物质来展示自己，似乎物质优势才能证明自己的存在。

现实中，内心不断膨胀的欲望让我躁动不安。此刻，独处才觉着舒服、真实。

似乎我们每个人都有不同程度的自卑感，每个人都在寻求合理的方法来消除自卑感。一些人，总挑别人的错误来捍卫自己的面子，讽刺的是，即便自己错了也要想方设法证明自己没错；一些人，总在用物质来彰显自己的优越感，自欺欺人地强迫自己认为自己高人一等。

　　这些不切实际的做法，不但没有摆脱自卑感，反而使自卑感越发严重。

　　不管怎么自欺欺人，自卑感一直存在。

　　不知道从何时起，我发现我身上也有类似的躁动和感觉。

　　直到遇到君童。

　　生活中处处都能找到我们需要的答案，走进生命中的每一个人，都有其参与的意义，一人一故事，轻轻一抹，就抚平了我们过往的困惑。

　　君童是我的学生，也是我的老师。作为老师，从另一层含义讲，我们以每个学生为师，从他们身上获得对自己有帮助的回应。

　　见到君童时，她穿着普普通通的卫衣搭配着普普通通的休闲裤，还有一双有些泛黄但很干净的鞋子，通过君童的穿着可以判断她的家庭条件一般。

　　用"我们"作开头，是因为我感觉好多人都和我有着相同的想法，我们活在当下，习惯留意他人的穿着，然后分析装束中包含的信息，在心中给他人一个定义。人与人的关系是现实层面、情感层面和各种相互作用痕迹的混乱综合，在初识某人的过程中我们最先留意的就是他人的装束，部分原因是这种装束在现实层面体现得更直接。

当然，在我们的认知被我们的无知遮住的时候，最容易证明自己的愚蠢。

君童是个有主见、踏实的女孩，她对于自己想补习哪一块的内容标记得很清楚，每一节课都带着整理好的问题来上课。

来上课的孩子，大多都穿着各种名牌的衣服和鞋子，有些家庭条件一般的学生，尽管有困难，家长为了孩子的"面子"，也会想法节约出来买名牌的钱。学生们为了体现自己的与众不同，甚至是"高人一等"的优越感会通过所谓的名牌来显摆。

有时，课下孩子们会讨论衣服与鞋子的各种款式。"我妈妈说，我生日的时候给我买这一款鞋子。""我和我爸爸约定期中进步 10 个名次给我买 ×× 手机。""我姑姑答应我了，送我一身球衣。"……

君童却平静如水，与世无争。

她不参与这样的谈论，在当时看来，我认为君童是个懂事的孩子，知道自己的家庭状况一般，不应该去追求这些东西，不应该给家庭增加负担。

她平静的情绪里找不到对他人的羡慕和嫉妒，她的平静着实让人羡慕。从另一个层面讲，她是个真正幸福的人，一直做自己最好、最真实的样子。

其实，每个人都是幸福的。只是，有的幸福，常常在别人眼里，有的幸福是在自己身体里。

那些孩子们不知道，我也不知道，被别人看到的幸福算幸福，还是藏在自己身体里的幸福才算幸福。

现实生活中，成年人不比吗？大人的世界里，谁的车好，谁的房子大，谁的表名贵，其本质是一样的。

似乎，我们每个人都在追求幸福的路上奔波着，不停地寻求属于自己的幸福。却又好像从来没有静下心来想想，想要的幸福到底是什么样子。

在追逐的路上，有狂热的时候，但最终只剩下身心俱疲。因为君童，我知道，真正的幸福，是如人饮水，冷暖自知，不是给别人看的，更不应该把别人的生活作为标本去评价的。

我在教育的路上遇到的一个学生，名字叫文岚，那是一个豪横的女孩子，当时豪横的情景，现在回想起来还历历在目。

豪横的原因是，每当××手机出新款时，文岚会向周围的人描绘新款手机的新功能及黑科技等，她的家长总会给她提前预订，在发售日当天第一时间下单抢到第一批的机型。

当文岚拿着新款手机高兴地出现在同学身边时，有的同学羡慕地说："你之前的手机还好好的呢，你也太豪横了。"

这时，文岚的脸上确实洋溢着幸福。只不过，这个幸福和君童的幸福又不相同。

也有同学会私下说："太烧包了，有啥可显摆的。"

文岚只是不懂——人不管多有钱，长得多漂亮，都不要盛气凌人，因为那对有些人来说是一种伤害和刺激。

之后，据我观察，文岚的幸福维持不了多久，她总是在向她妈妈索要耳机、名牌衣服之类的东西。只有获得东西的那一刹那，她才觉得躁动的心平静下来。

她妈妈只是知道，满足孩子的物质需求能让孩子获得快乐，可她不知道的是，这种被"不断满足"喂养大的怪兽正在吞噬她真正的幸福感。

这种情况下，我竟然想把文岚的生活像电影那样倍速播放，急迫地想知道最终的结局：她长大后会活成什么样子？

她真的会幸福吗？

可一想到文岚是我的学生，我又莫名地自责与难过，自责是因为自己无力改变现状，难过是因为害怕文岚的幸福只能靠物质来维持。

日子平平常常地过，在一个平常的聊天中，一位朋友说："你还记得文岚吗？"

我立刻毫不犹豫地说："文岚，豪横小女孩。"

"印象深刻啊，现在不是小女孩了，是大姑娘了。"

一晃眼小女孩变成大姑娘了，好像文岚豪横的场景就在昨天，我在心里算了一下那是六年前的事。我说："那么豪横，当然记忆深刻，我记得她家是做生意的，家里很有钱的样子。"

"哎，现在更豪横了，上个月在国外刚买了一辆宝马，每个月的生活费就一万美元，都是名牌包、名牌衣服，她的家庭在国内的收入算可以的。但她这个折腾法，她妈妈也很头疼，挣的钱全花在她身上了。"朋友无奈地说。

我很淡定地"嗯"了一声。

换句话说，我很接受这样的事实：从小用物质喂大的虚荣心正在吞噬她的幸福感和价值感，一旦物质供应跟不上，她就像犯了毒瘾一样，疯狂的虚荣心会啃食血液流经的每一个地方，让人坐卧不安，像一头困兽，疯狂地想要撕咬一切。

不过也得承认，穿自己喜欢的衣服，好的穿搭，可以让人更自信，可以让人心情愉悦，这种感觉就像我们给疲劳的生活、工作注入新的磁场，在心理上有助于我们从一个状态转化到另一个状态，是一种积极向上的状态。

但是，倘若人们把物质作为衡量幸福的唯一标准，买一些和经济实力不匹配的东西，用起来会小心翼翼，无形之中消耗我们的精力，这就是虚幻的幸福。

然而，在这个物质没有那么匮乏的年代，曾经经历物质极度匮乏的上一辈，在追求物质成功时，他们突然很幸福。他们误以为把所获得的物质用在下一辈孩子们身上，孩子们也就幸福了。

可这里忽略了一个条件，即时间这个条件，上一辈是经历过物质极度匮乏的生活的，有经历，有期待；新时代的孩子们有一种随时都可以轻易获得的感觉，无体验，无期待。

记得我小时候，看到邻居家的孩子有小跳蛙，我哭着要，爸妈没有答应，面对我的哭闹，爸妈也没有妥协。慢慢地，我知道不是爸妈不妥协，那时家庭条件确实不允许，看着爸妈多年都不舍得更换一件新衣服，我便对爸妈多了些理解，之后我就再也没有用哭闹的方式来索要东西。大约过了半年的时间，妈妈忽然给我一个小跳蛙，简直把我高兴坏了，那一刻，我觉得幸福极了。

直接获得喜爱的东西的孩子或许永远也体会不到等待中的幸福，因为等待中有理解，有尊重，也能够更充分地表达自己。含着糖长大的孩子或许永远也体会不到滚在泥土中成长的幸福，因为滚在泥土中知道大地有什么味道，那是一种孕育万物的母亲的芬芳。

我们没有给孩子探索自己人生意义的机会，却还强加给他们我们所谓的好，而忽略了他们真正需要的精神追求，忽略了有些东西需要他们自己体验，而不是直接给予。

我认为，家长没有必要去满足孩子的所有要求。满足不了，或许对他们来讲也是一种体验。

适当延迟满足感，孩子或许会更幸福。

用"适当"一词，是因为真正的延迟满足应该是为了获取更有价值的结果而舍掉当下的满足，还能在等待中锻炼自我控制能力。即便我们无法满足时，我们也不能漠视孩子的情感需求，破坏孩子的自尊。

接下来我要讲的故事，一些观点是我从君童妈妈那里获得的，我用这些经验稳稳当当地收拾了佳泽。

如果没有接下来的故事，我会一直认为佳泽是个理解父母的学生。

那天，到了上课时间，只差一个学生未到，那就是佳泽。

我给佳泽妈妈打电话，电话那边说：今天佳泽请假，因为临时出现了点情况。

下课的时候，我觉得出于关心应该问问佳泽妈妈发生了什么。我拨通了电话。

我说："佳泽妈妈，佳泽怎么了，没什么事吧？"

她在电话那头哭了："徐老师，怎么拉扯一个孩子那么难呢？"

那声音，那语调，足以令人深切感受到她的悲伤。

我低低地应了声："怎么了？慢慢说。"

她回答："佳泽让我给他买一双鞋子，说他们同学都穿，一双鞋子两千多块钱。道理也给他讲了，咱们不能攀比，我没有答应他，他就不愿意了，开始耍脾气摔东西。"

我说："你之前没有答应过他吗？"

她回答："没有，我们也是一般家庭，买那么贵的鞋子对我们家来说不现实。"

此刻，我的胸口像被重击一样有些疼，一时间竟然有想揍佳泽一顿的想法。

她又继续往下说："徐老师，我也不知道怎么办了，他现在还在自己屋里不出来。"

我告诉她："先不管他，你该忙什么就去忙什么。等他情绪稳定了，我会让他来找我。"

她回答："不好意思，让你见笑了。"

我知道，她应该找个人诉说，将悲伤感受转化为语言说出来会让自己舒服一些。

挂掉电话，走到窗前，看着眼前那一座座房子，想象着里面发生着或喜或悲的故事，如同电影一样，我仅是一位看客，只是感受无须承担。

我知道，老师不应该只是讲授知识，还要培养孩子懂爱、会爱，而这爱能够激励学生去追求爱，奉献爱。

第二天，我和佳泽确定了见面时间。

我知道了昨天发生的事情，我试图传达一种态度，避免或减少他对被揭穿的事情的耻辱感，我平淡地说："昨天没来上课，发生了什么？"

佳泽也平淡地说："没啥，一点小事。"

我说："一点小事，一点小事就可以不来上课？"

他用轻轻的笑作为回应。

这时，我还是格外小心，讲的每一句话都很注意，时刻观察他的表情，一旦羞愧浮现，接下来就是想办法降低羞愧感。我说："是不是因为鞋子？"

他竟然没有任何的羞愧，反而还理直气壮地说："我妈妈都告诉你了，她连一双鞋子都不舍得给我买。"

我知道，他以为，我会站在他这一边。

的确，我接下来要站在他这一边，为的是再接下来狠狠地收拾他。

从认识佳泽没多久，我就感觉到他对我很服气，他妈妈也多次说，孩子对我特别服气，我教训过他，他都是信服地接受。我想，我应该通过明显的个人影响，暗示性地表达对他的理解，一旦他能更好地了解自己，就可以找到他自己的答案，他会逐渐感受到更真实的力量感，从而消除自卑感。

我对他讲了我自己的故事：我也很喜欢名牌之类的东西，

能彰显自己的强大，获得别人的认可和尊重，但后来，我发现物质起到的作用并不是很大，只有我对别人尊重，对别人真诚，对别人友善，别人才会尊重我。

我问佳泽："你尊重你班的某个同学，是因为他穿了名牌的服装吗？"

他摇摇头。

我认认真真地说："其实，很多人觉得自己没有这双鞋子是害怕被发现自己低人一等，记住，这是我们自己觉得自己低人一等。"

他似乎觉得有道理，便使劲地点着头。然后，又好像没听懂一样，说："好有哲理呀。"

"那通俗点讲吧，"我说，"没有人瞧不起你，是你没有鞋子，自卑罢了。"

可能是"自卑"这个词有一定的杀伤力，他脸上的表情一下子凝固了。

我认为一种接纳和消除羞愧的方式是以"我之前也有这样的自卑"来回应。暗示他好多人都会有这样的想法。然后，我又告诉他："一个人对自己这些觉得耻辱的东西接纳得越多，就会越不容易被它们控制。"

我调侃地问："知道我戴的手表多少钱吗？"

他有些迟疑地说："五千。"

我说："去个零除以二。"

他说："二百五。"

我笑着说："怎么还骂人呢，其实是二百。"

他反驳着："那应该是去个零除以二再减五十。"

我又认认真真地说："佳泽，其实就像这块手表，你为什么觉得值五千，是因为戴在我胳膊上，而它本身就只有二百块，同样这一块手表戴在一个千万富翁的胳膊上，是不是你会觉着它值几万。你得知道，不是因为你穿了大几千的鞋子你就有优越感，而是这双普通的鞋子因为你穿过而变成了大几千，这才叫优越。记住，把精力放在学习上，提升自己是关键。"

他挺直身子，眼睛直盯着我说："嗯，嗯，嗯。"

我又接着说："佳泽，知道我最喜欢什么样的学生吗？"

"成绩好的呗。"他回答。

"不是。是尊重自己父母的孩子，是爱自己父母的孩子，是一个懂得体谅父母的孩子。我问你，你说是我好还是你父母好？"我说。

"我觉着，当然你好啊。"他回。

我有些生气地说："瞎说。你父母给你生命，把最好的东西都留给你，你竟然说我好！佳泽，你一定要记住，不要对别人的小恩小惠感激不尽，却对自己父母的大恩大德视而不见。如果你再和你父母乱发脾气，我就不再教你了。"

"我知道了，老师。"他说。

我走到他身边，用力拍了拍他的肩膀，说："佳泽，人有虚荣心是正常的，但是不要攀比，而且做人做事得靠自己。"

晚上，佳泽妈妈给我打来电话："谢谢你，徐老师。没想到，孩子到家竟然给我道歉了。"

我不知道说什么好，就说："应该的，应该的。"

但我知道，一个心中有爱的孩子，才能在人生的路上走得更远。

因为佳泽的故事，我更加确信每一个人参与他人生活的意义。君童参与我生活的意义，是我把君童编排进自己内心无意识的剧本之中，像君童一样，做真实的幸福的自己。

一个晚上，君童下课后，我俩一起下楼。

或许是关心，或许是好奇，我无意间问了一句："怎么回家？"

"我爸来接，今天他下班顺路，应该在楼下等着呢。"她说。

到楼下，她爸果然在楼下等着她。

君童礼貌地跟我打招呼说再见。

然后，径直走到她爸身边，上了车。

那时，我并不懂车，但认出来那是奔驰的车标。然后一起下来的同学惊讶地说："哇，奔驰大 G 呀。"一旁同学随声附和着："豪车，两百多万。"

我愣住了，又莫名其妙地笑了。

看着渐渐远去的汽车，我才发现自己是那么愚蠢。

我们眼中的他人和他人眼中的自己并不相同。很多人会犯一个错误，就是我们把自己的某些方面和我们早年的经历投射到他人身上，认为这是"事实"。

我在心里喃喃地说："君童，谢谢你。"

穿着普普通通的君童坐两百多万的豪车。因为君童，我知道，她的幸福是内心富足到无比厚重的地步以至于无法被撼动，所以虚荣很难渗透入其中，心灵要求不断确定"真实自己"的样子存在。

对于君童，我好奇着，我只是知道她是个优秀的孩子，但世界如此浮躁，而她内心如此平静，我想知道更多的答案。

后来，我真的得到了答案。

一天中午，我去楼下的拉面馆吃饭。刚一进门，就看到一张熟悉的面孔，是君童，旁边还有一个人，是她妈妈。

我们打了招呼。

她妈妈很客气，非得帮我付饭钱，一番争执，实在拗不过她，最终，她付了钱才回座位坐下。

我和她们坐到了一张桌子上。君童一脸的幸福，吃得很香，面汤也喝得干干净净。

她妈妈说："孩子，你先上楼吧。我和老师沟通一下你的学习。"

然后，君童去了学校。

我跟她说了君童的学习情况。在这个过程中，其实，我仔细观察了一下她妈妈，她也是个真正幸福的人。

君童身上有着和她同样的东西——幸福藏在自己的身体里。

我说："你真是一位智慧的妈妈。"

"啊——"她显然有些惊讶。

我解释说："君童是我遇到的学生中最幸福的。因为她不攀比，很真实。换句话说，她是一个内心富足的人，她的内心不是别人的言语所能撼动的。"

　　她愣了好一会儿，笑着说："当我们了解并承认一些东西的习性，我们才会找到更好的方式来对付它们。"

　　我知道她说的"一些东西"是什么，是自卑，是虚荣。

　　这时，服务员把香喷喷的拉面端到我身边，望着桌子上的那碗拉面，我觉得很幸福。

回家

小时候，母亲常说：好好学习，长大了，去城里工作，去城里买房。

现在工作结束后，我经常会莫名地感觉心慌，心里空落落的，有种突然涌上心头的凄凉感，总觉得少点什么。

每次回到那个生我养我的村子，和左邻右舍彼此问候，他们的一句"回来了，大营"瞬间将我空落落的心填满，我感觉到了生活是生活，感觉到了情，觉着心安。

这时我才明白，我一直没有离开这里，从未离开这个可以疗心的地方。

我也知道了家的意义，童年的意义。

楼下一个人打着招呼向我走来，我以为是朋友碰巧遇见后的礼貌问好。

我笑着回应："你好。"

她却说："徐老师，你同事说你还没到，我就下来等了。"

我才意识到，她是专门有事而来。

我忽然有些慌张，一时想不起是谁，陷入了令人难堪的沉默。

我尴尬地说："抱歉哈，您是？"

她连忙说："我是益文妈妈，杨益文，还记得吗？之前你教的学生。"

这个名字，让我一下子就想到了那个孩子。对于不同的人、不同的事情，我们的记忆也是有差异的，因为情感性记忆贮存在杏仁核，叙事性记忆贮存在额叶皮层，就像你和心爱的人第一次吃饭，多年后依然记得当年的场景，是因为具有情感意义的刺激会引起杏仁核电活动的强烈反应，并形成长期的痕迹储存于脑中。因此，触动人情绪反应强烈的事件会给人留下长期的记忆，甚至终身。而我们平时吃饭，两天就忘记吃的什么，因为缺少情感的参与和刺激。

这样就不难理解，为什么一些孩子在学习上记忆那么好，是因为在学习中有方法，在学习中体验了自我价值，寻到了存在感和成就感，便对学习产生了情感，学得好，记得久，并形成一种无形的莫名的力量使其投入到学习中去。

教师应该是这个样子，不单单是讲授知识，还要照顾学生的心情。在教学过程中，老师和学生都要在授课和情感上彼此密切地投入。

我歉意地说："记得，记得，高高的小伙子，很好的孩子。"

她无奈地说，越大越不听话了，现在好几天都没回家了。

我愣住了——好几天没回家了？

我知道她有很多的话要讲，我示意她，我们上楼聊。

还没有坐下，她就说："添麻烦了，徐老师。实在没办法，你是唯一教训过益文的人，而且他服你。这才找你。"

是啊，我教训过很多学生。

当我们带着理解去批评学生，在不伤害孩子自尊的情况下教训学生，当我们教训到点子上的时候，他的心反而跟我们离得越近。

我在给益文讲课时，他很浮躁，总沉不下心来。

每当我话还没有讲完，他便说，我懂了。通过他的表情来判断，他是真懂了。可数学这个东西，不落实下来，后续犯错的概率很大。我得治他这个毛病。

我说："如果这个题下次你做错了，我就教训你。敢不敢赌？"

他骄横地说："绝对不可能错。"

我接着问："敢不敢赌？"

"敢呢，这有啥不敢的。"他回答。

我顺手拿出一支笔，在这个题目的旁边写下"懂了"两个字。并让益文签名。

再隔两周，我把这个题再一次放到了学案中，他真的错了。

不过，他似乎都忘记了这个题，也忘记了我们之前的"赌注"。

我拿出之前签了字的证据，益文一下子想了起来，笑着说："老师你可真够阴的啊。"

"君子一言驷马难追，愿赌服输，开始吧。"我说。

我还没开始，他直接抢白："老师您省省力气吧，我知道错了，以后我一定改掉毛病，勤于落实。"

就是以这样的方式，我教训了很多的孩子，但他们并没有因为我教训了他们而记恨我，我们的关系反而变得更好，因为虽然被教训，可里面有理解和尊重。甚至到后来不用我教训，他们就能及时发现不足，主动改进。

我给益文妈妈泡茶时，她也在给我讲着益文这两年的种种：上了高中，不适应高中的生活和节奏，一到家就掉眼泪，不想去学校，高一时连哄带吼地还是去了学校。上个月在学校打篮球摔倒了，膝盖受了伤，在家休息一个多星期痊愈了，也不回学校，前几天他爸爸着急了，动手打了他，直接离家出走了。

我把沏好的茶递给益文妈妈，说："现在益文在哪儿，知道吗？"

"住在他的一个同学那，前天来家拿了几件衣服又走了。"她回答。

"他同学？"

她解释："他同学退学了，而且爸妈离婚了，跟着他爷爷奶奶住。"

她又接着说："我告诉益文，不要和不三不四的人混在一起，他不听。就想到徐老师，益文一直都很服你。"

"你不该说'不要和不三不四的人混在一起'，至少在他同学那儿，他情感上是安全的，否定他朋友等于否定他。"我回答。

她无奈地说："我也不知道怎么办了。你给益文打电话劝劝他。"

于我而言，这件事确实相当棘手，因为两年没有联系，靠一个电话劝回一个人很难。

结合刚刚益文妈妈的讲述，我的思想一直来回跳动，试图进入益文的世界，感受他当时的感受，然后出来，反省自己被他浸染的感觉。我想了解益文是怎么想的，然后再根据他的想法把他劝回来。

可最后，我也没有找到劝益文回来的方法。

答应人的事情却做不到，简直是夜不能寐。我便明说："靠一个电话真的不可能把益文劝回来，我再想想其他办法。"

益文妈妈离开时，我只能安慰道："孩子长大了，过几天就会回家。"

回忆着之前辅导益文的场景，内心久久不能平静，曾经那个阳光的小伙子怎么离家出走了呢？他这两年到底经历了什么……

　　与益文妈妈的痛苦和焦虑相比，我更在意的是益文目前的内心状态，想去理解他的愤怒，理解他的伤心，理解他的委屈。

　　两天后，同事说："咱们联系之前的一些学生，拍个视频做宣传。"

　　一时间说不上来的高兴，我竟然喊道："这个提议好。"

　　这不正是我和益文再次接触的机会吗？

　　我拿出手机，小心翼翼地编辑着文字："小伙，想请你帮个忙。看到信息回一下。"

　　信息发出后，我内心还是有些忐忑，我不确定，他会不会回我。

　　大约一刻钟，我收到了益文的信息："在的，老师。"

　　我故意说："这个点，没上课？"

　　"我腿受伤了，这几天没上学。"

　　"哦！现在好了吗？"

　　"好多了，找我什么事，老师？"

　　"我想找几个学生帮我拍个宣传视频，你阳光帅气，进步又大，算一个。"

　　等了很久，我都没收到回信。我想，这应该是拒绝了。

晚上，终于收到了信息："可以的，老师。"

我知道，这是益文权衡了许多事情最终做出的决定。

我回答："你明天方便吗？来找我吧。上午九点。"

他答应了。

第二天，我见到益文留着蓬松的长发，穿着松松垮垮的衣服，和学生的样子完全不搭边。俨然一副社会小青年的样子。

我关心地问："腿都好了？"

"早就好了。"他说。

"怎么过来的，你妈送的？"我故意说。

"坐公交车。从我同学家来的。"他回答。

我表现出一脸的惊讶："你妈妈不知道你来找我？"

"嗯——"

我知道这个事，谈到这个地方结束是最合适的。接下来，我们聊了之前给他辅导过程中发生的种种事情。

他却突然说："前段时间打篮球摔倒了，那一刻我知道我成功了。"

我一下子感受到了他心里的痛苦。一个人在没有学会用合理的方式排解糟糕情绪时，他便可能倾向于用躯体受伤的形式来逃避、来应对压力。一个人得在遭遇多大的难以承受的刺激时，才会做出这样的抉择？

当一个人得到一个富有同情心的倾听者理解时，他心里的恼怒、急躁、悲痛等不愉快的体验就会消减。

益文能告诉我这件事，让我感到意外，我也为他那么认可我、相信我而内心得意了一下。

我要确认他的感受："你在学校很痛苦，故意摔倒受伤，这样就不用去上学。是这样吗？"

他说："老师，你太理解我了。"

我只是一笑，没说话。

我心里明白，我只不过是以当年了解自己的方式去理解益文而已。

或许内心的委屈藏在他心里太久，又或许是这样轻松信任的氛围，那个上午，他几乎对我全盘托出："老师，你不知道，我睡不着觉难受时，我的爸妈说，你不想上学就说，别在那装，给谁看呢，小孩子能有什么压力，就是矫情。"

其实，很多家长和老师认为一些学生不愿上学而在无聊地装病，不愿尝试着理解他们，家长和老师没有从主观上体会孩子的情感世界的能力，那么他们会遗漏很多重要的信息。

那么，最终，学生承受不住时，只能通过躯体受伤的方式表达心里的痛苦。

我被悲伤和同情撕裂着，在权衡着要说什么。最终，我把我小学那段痛苦的经历讲给益文。他听后，我看见低着头的益文在流泪，我知道那泪水是日积月累藏在心里的委屈，流出来会舒服的，所以我没有安慰他。

益文抹了一下眼泪说："老师，你这茶好苦。"

我知道，苦的不是茶，是心苦让茶变得苦。

这种氛围下，我觉得可以聊聊他不回家的事。

"这几天都住你同学家吗？"我问。

"嗯。"

"你爸妈一定非常担心。"

"他们不会担心的。"

"或许你们之间有些误解，他们一定在担心着你。"我说。

他没有说话。

"明天我们去南山吧，这样你心情会好些。"我接着说。

他答应了。

益文走后，我给益文妈妈打电话说了今天的事情。从她的声音中感受到她的激动和开心："还是徐老师有办法，益文什么时候回家？"

"什么时候回家我不确定，我和益文约定明天去南山散心。"我说。

"哦，开我们家车吧。"

"不用，我没跟益文说你找过我，我们坐公交就可以。"

"好的，谢谢。"

"不客气。对了，明天我会给你发信息，然后你再给益文打电话。你和益文聊完，你让益文把电话给我，咱们聊。"我说。我心里当时是这样预想的：益文妈妈给益文打电话，鉴于我在他身旁，他应该会接电话，然后再告诉他妈妈，他和我在一起，这样就名正言顺地把我扯了进去，我再和益文妈妈通话约定我和益文一起回家。

"好的，徐老师。"她开心地答应着。

好在我们在始发站上车，公交车开出时车上人很少。益文戴着耳机倚靠在车窗旁，看着窗外的街道、建筑、人群、车流和大树，车窗外吹来的风打乱了他的头发，他拥有很清澈的眼神。坐在他身旁的我没舍得打扰他，因为我在想，他是不是和我一样，看着来往的行人，思考他们过着怎样的人生，然后再想想自己，是他们中的哪一种。

可能是到了重要的换乘站，人一下子多了起来，车厢里更闷了，简直让人窒息，还不时地飘来一阵令人难以形容的味道。或许是这味道刺激到了益文，他说人好多。

他顺手向前指了一下，我看到一个拿着编织袋的中年妇女，我懂他的意思，我们都站了起来。上车的人远比下车的人多，真的很挤，以至于都快没有我两只脚站的地方了。

奇怪的味道突然一下子消失了，看着身边的益文，感到的是人情味。

我莫名地感伤着，一个满眼都是爱的孩子却因为学习不好就被否定。

现实格外地残忍，本是一个有爱、有责任的孩子，却因为父母过于关注成绩而忽略他的善良、乐观、快乐。一个人平凡的一生中，帮助他人，有了责任感和使命感，他们的生命超越了"自己"，才有意义。

过了一个小时左右我们到了目的地。

关于我和益文的南山旅行，我是这样设计的：先去爬山，自然的好山好水好景会稀释他烦躁不悦的心情，再去买一些地道的农产品，看看每个人的生活状态，体验真实的生活，然后吃个农家乐聊聊所发生的事情。

我和益文走走停停，胡乱地聊着，顾不得腰酸腿软，不知不觉也就到了山顶。

可能是到达了山顶，也或许确实真的累了，我们一下子瘫坐在山顶的石头上，粗粗地喘着气。

不知什么时候，益文从背包里拿出两瓶水，递给我说："喝水，老师。"

"想得真周全。"我说。心里想着他真是个善良的孩子。

他却傻傻地笑了。

我一直觉得大自然具有天然疗愈力，在大自然中呼吸着新鲜空气，享受着树林中清幽的气息，闻着泥土独特的香味，慢慢地溶解掉我们身上的各种各样的东西，这时的心纯粹到不沾染世俗的一丝尘埃。

我问益文："现在什么感觉？"

他显然有点蒙，愣了好一会儿说："嗯，挺好的。"

不过，讲实在话，我为什么问他那句话，我自己也不知道，可能是因为触景而发，也可能是寻找话题缓解当时没有聊天的氛围，也可能是想知道这山、这景有没有让他心情愉悦。

我没有再问下去，戴着耳机的他很少年、很学生，一种感动从未像当下那样令我动容。

我们俩坐在阳光斜照的石头上眺望着山下。

从远处看崎岖的山路，单独的个体是那么的渺小，一个人的痛苦早被淹没在山谷里。

可能是恐高的原因，下山对我来讲就不如上山那样容易，看着远远的山脚，我心里开始发紧，手总得抓住一些固定的东西往下挪才觉得有安全感。

益文看到我小心翼翼的样子，总说："老师，慢点。要不你扶着我。"

他真是个善良的孩子。

山下有条长长的街，街的一边每隔一段距离便会有临时搭建的卖山货的摊位，摊位极其简陋，就是放着盛有山货的两个编织袋，摊主一般都是上了年纪的老人。每当路过一个摊位时，总能听到"买点吧，自家种的，纯绿色，好着呢"之类的话。

一个瘦弱的老人吆喝着："自家种的，带点吧。"

"这核桃多少钱一斤？"我问。

"自家种的，不贵，12 元一斤，比城里便宜多了。"他说。

这时，我注意到老人那布满皱纹的脸上带着些期许，我看着他布满尘土的脸还有些心疼。我庆幸自己一直努力着，让自己的父母少了些劳累。

"来 10 斤，5 斤一份。"我说，想着我和益文各一份。

老人开始装核桃，一个中年男人走了过来说："吃饭吗，核桃再给你便宜些。"

看长相，中年男人和老人很像，应该是父子。

可能他看我没有明白他的意思，解释说："前面的农家乐也是我们家的，核桃也是我们家的。"

我说："哦，等会儿，一会儿再说。"

可能是老人只卖核桃没有给我们介绍吃饭的事情，让他有点生气，他竟然对着老人不友好地说道："行了，行了，别装了，我给他们装，你赶紧回家摘菜去。"

看到中年男人的态度，我的心忽然有些疼。我想象着，这老人曾经也是威严高大的父亲，如今却胆怯得像个孩子。

看着老人离开的背影，我心里五味杂陈。

这个中年男人装好了核桃，对着我们说："5 斤两份，共 10 斤。"

我找了个借口说："先不买了，因为我们还要玩一会儿，拿着不方便。"

他有些讨好地说："可以寄存在我们这。走时来拿。"

我说："一会儿我们再回来。"

他显然生气了，提高了嗓门说："没有这样办事的人，不买讨什么价。"

我不想解释什么，就示意益文离开，隐隐约约地听到他嘴里还在嘀咕着什么。

走远后，益文不解地问："老师，都谈好了，怎么就不买了呢？"

"我不喜欢他对他父亲的态度。"我认认真真地说。

益文没回答。

现实中，我也常常是通过了解对方和父母、兄弟姐妹之间的关系，去猜想、去判断一个人的为人。不知什么时候开始，我的认知里有了"从家庭看为人"的想法。我觉得，一个人能容得下父母的不完美，友好地对待自己的兄弟姐妹，他应该是一个有爱、有包容心的人。

我们继续向前走着，路上的车辆飞驰着，声音由远而近，经久不息。

我看到了，孩子糟糕的成绩与父母的期望碰撞在一起，矛盾因此而生。父母的日渐衰老与子女的忧虑撞击在一起，亲情渐渐生疏。教育的意义终究何在？

最终我们在一个老太太的摊位上买了些山货。

益文帮我拎着沉甸甸的山货说："老师，我想回家。"

我瞬间被益文的话惊到，怔在那里。好一会儿才缓过来说："咱们还没有吃饭呢。"

他坚定地说："不饿，想回家。"

我才发觉，我其实并没有真正地理解益文，我本想带他出来帮他开阔眼界，体验山村生活，通过责任，找到除自己以外的东西。此刻，我自责着，他拥有着很多美好善良的东西，只是我们误解了他。

我知道，每个父母都深爱着他们的孩子。我还知道，因为我们没有真正地"看见"孩子，我们没有真正地去理解他们，一些痛心的事情就这样发生了。

在回去的路上。

我收到了益文妈妈的信息："徐老师，你和益文玩得怎么样？要我给益文打电话吗？"

我这才意识到，我忘记了昨天跟益文妈妈说的话。我知道，她一定焦急地等了很久很久。

我回她："我们在回家的路上。放心，不用打电话了。"

晚上，我给益文妈妈编辑了一条信息："您好，益文妈妈，和您分享一段话，父母对孩子的意义，并非单纯给予孩子舒适和富裕的生活，而是，当他们遇到困难时会想到父母，想到家，内心充满力量，感受到温暖，从而拥有克服困难的勇气和能力，以此获得人生的真正乐趣和自由。

思绪纷飞

计划

一位家长给我看了他孩子暑期的学习计划表。很详细，精确到了分钟，每个时段都对应具体要做的事情，看上去堪称完美。

看了之后，这种详细到每分钟的计划让我觉得有些压抑，这种计划安排得太满太死，没有留出机动的时间，我觉得，久而久之这份计划就很容易被放弃了，即使依照计划完成，我认为收到的成效也不会很大。

我给他讲：我们要把计划变成现实，就是让人沉浸到这个任务中，不用明确每件事情的开始和结束的时间点，只需要给固定的事情一个大体的安排就行。

我看过物理学家杨振宁教授的一个讲座视频，很有感触。杨振宁教授讲，他最重要的贡献是规范场，最早研究规范场是 1947 年在芝加哥做研究生的时候，直到 1954 年才成功，中间差了 7 年。杨振宁教授强调，这 7 年，不是天天做，是过些时候就去试，一试不成放弃了，过了半年又去试，又不成，又放弃了，到了 1954 年成功了。最后，他说，你如果对于某一个东西特别感兴趣，这个可能是将来你值得发展的方向，每个人都有他天生的对某些东西的偏爱，对于这样的偏爱，自己如果能够加以培养，可能是很重要的事情。

计划是应该做的，但计划不是约束我们兴趣的枷锁。从杨振宁教授那我们得到了科学家成功的真实样子：是兴趣和热爱让他不放弃，而不是人们说的日日夜夜苦苦地坚持。

真正意义上的计划，其本质是情感上的驱动，就是发自内心地想学习，屏蔽一切干扰，关在屋子里，投入到学习中，饿了就吃，困了就睡，醒了就学，甚至会沉浸于学习中达到废寝忘食，没有什么框架。

太多人喜欢制定计划，设定目标，像到点醒到点睡，到点吃饭到点运动，到点学习到点休息，把自己框在一个时段去干某件事，甚至觉得时间分得越细越好，一天到晚，一堆事情，感觉自己像个机器一样运转着，从未享受过沉浸于学习带来的舒适感。

就像我写作，我没有给自己设定今天一定写多少，当灵感来了，我会放下手头的一切，忘记周围的事物，那是一种享受，一种幸福。

把学习的时间安排得满满当当，却缺少深度思考的学习，其实是在浪费时间，或者说是另外一种形式的懒惰。或许，我们不知道的是，一事无成是因为我们给自己设置了太多的条条框框干扰着自己，自己把自己给奴役化了，思维频率给固化了，陷入了一种怪圈，就很难再爬出来。

我们得知道，学习这件事是精神和身体共同参与的一个过程。投入进去会有沉浸感，到了忘我境界，那是一种幸福。

学习这件事有生物的一面，一个人真正能在学习上找到成就感和存在感时，大脑确实发生了不可思议的变化。特别是，人们遇到特定的刺激后，情绪和器官产生了相应的反应，形成了一种感受埋在人的心里。当我们在遇到类似事情时，心中会喷涌出那种感受，其实这是埋藏在我们潜意识中的体验，我们不断强化孩子们这种成功的体验，他们就不会再畏惧学习上的困难。是这种感受让我们不抛弃，不放弃。

那种条条框框的计划，正在吞噬我们的这种感受，孩子们犹如流水线上的工艺品，按照大众内心喜欢的样子去雕刻和打磨。

如此，孩子们终究成不了他们自己。

辅导班

应试教育下，迫于升学的压力，人们试图将学习考试统一规定为短程的、以立竿见影提分为目标的过程，这与教育的本质背道而驰，往往会适得其反，辅导的意义正在被一点点侵蚀。

辅导确实有作用，这无可否认。有的学生成绩确实大幅度提升，可也有太多成绩没有提升，甚至成绩还越来越糟糕的学生。

现在辅导班的作用好像是学习的方法和技巧是现成的，不需要学生来发现和创造。我们不知道的是学习方法一定不是别人给的，而是自己体验获得的，我觉得学习方法是知识积累到一定程度自己总结出的经验。

造成这一结果的原因是应试教育下引发家长们集体焦虑，

带有强烈经济动机的培训学校去总结所谓"立竿见影"的模型和技巧去缓解家长们的焦虑。

我看到很多辅导老师的授课有时是"倒置"的，因为他们总是将总结好的各种模型和技巧以自己偏爱的方式教给学生，故弄玄虚地提示整个小学只有多少道题，初中只有多少道题，高中又只有多少道题，只要跟他们学会了这些试题，好像就得到了神通广大的本领，好像就一定能考第一似的，如果不跟着他们学习就意味着放弃自己，甚至被认为无药可救。

事实上，他们总结的模型和技巧确实对一些孩子的辅导会起到积极作用，仅适用于有学习能力的孩子，但仅凭个人兴致去讲授自己所认定的技巧方法，从不进入学生的"角色"。一旦所辅导的学生成绩没有进步，就会把这一切归结于学生"不努力""学习态度不好"等因素。

对一些家长而言，上辅导班是为了让自己心安，得到安慰，别人的孩子上了，我的孩子也得上，在家也是玩，还不如去学一点呢。

从一定程度上讲，辅导班在不断地吞噬学生的学习力和创新力。我遇到很多学生，寒暑假等着"提前学"，平时就等着老师讲各种题型、各种技巧，然而一旦不上辅导班，成绩便会一落千丈，是因为一些最基本的学习方法他们并没有真正掌握。

我认为老师们要想尽一切办法全面了解每一个学生，给予理解，给予力量，给予认可，给予支持，告诉学生们课堂上高效的学习效率和课后及时消化巩固是成绩好的关键，甚至可以不上辅导班。

我经常接到类似的电话：老师，我的孩子成绩很好，班级前几名的，想找你再提升一下。

对于这样的学生，我是拒绝的，因为这样的学生确实不需要辅导。但是我会给他们一些建议：首先，保证课堂上高效的学习效率和课后作业认真地完成；其次，是对错题待，当遇到作业上不懂的问题或者考试出错的试题，先不要放弃，自己静下心好好想一想，实在想不出，也不要紧，因为确实用心了，你会发现这个题的条件早就熟记于心了，可以带着试题的条件去问老师或很厉害的同学；最后，孩子确实有太多的问题不会或有专门的科目比赛考试的需求，可以安排时间讲解。

如果不接受建议，依然强烈要求学习，我也会欣然接受。

其实，我们不知道的是，孩子一旦有了好的学习习惯，慢慢地就会总结出自己的学习方式。每个孩子都会自己学习，所以才不需要"辅导"，当出现"零辅导"时，学生们就已经具备了进入大学和社会所需要的自主学习能力。

关于……

关于学霸，也存在真伪问题，有真学霸也有伪学霸，上课睡觉，回家学到半夜，又请家教，费钱费力伤身体，只为图个虚名，确实很傻。

有的学生只是在心中构建了一个上课睡觉成绩又好的幻觉，他对自己的幻想没有清楚的认识，甚至，理所当然地认为那些极有天赋的学霸也是在偷偷摸摸地学，把这种虚幻当成"现实"，为获得"不努力学习成绩还那么好，他真是个天才"的赞许，以便维持自己的虚荣感。但是，这样一来，他就永远不会真正理解，成功一定是沉下心努力付出获得的。

要知道大道至简，简简单单真真实实地做自己，更容易获得成功和幸福。

关于错题，得知道错题并不可怕，可怕的是家长或老师不允许孩子犯错，犯了错又开始焦虑着急。错题在某种意义上是给孩子们提供了学会面对挫折和解决困难的机会。一道道错题，就像一个个挫折，从困难看能力，解决的困难越多，抗挫力和学习力就会增强。我见过学习上一帆风顺的孩子，但没有接触困难的机会，这不利于他抗挫能力的培养，遇到困难便容易一蹶不振。不接纳孩子的错误是自私的，是剥夺了培养孩子抗压抗挫能力的机会。

要知道错题是提升能力的机会，是一种发现世界的新方式，只要我们一直寻求解决错题的方法，错题就变成了一种财富。

关于笔记，存在着假象，一些学生书写漂亮，但成绩不是很好。而有的学生，虽然笔记潦草，看起来并没有认真地去做作业，但成绩很好。为什么呢？是因为他们上课紧跟老师的思路，把老师的讲解转化成自己可以理解的符号或图形，看着潦草但都理解。一些学生课堂笔记整理得确实板板正正，只是像机器一样把老师的板书搬运过来而已，缺少理解和自己的加工。

要知道笔记在于理解，不在于形式，质量才最重要。

关于天赋，学生之间的天赋是存在差异的，有聪明的就会有愚笨的，但生命本质是相同的，我们的成长都需要爱，我们也爱着这个世界，我们是幸福的人。在我们的教育里好像总是强调个人努力这个条件，却不大愿意提及"天赋"这个条件，尤其是家长们看了故事逆袭的"爽剧"，便认为成绩不好是"不够努力"。

要知道大部分人都是平凡的，每个人都有各自的长处，有人学习厉害，有人跑得快，有人会唱歌，有人会做饭，有人会……各种各样的人，各有各的位置和作用，才成就了这个世界。只要我们不抛弃不放弃，一直奔跑在学习的路上，终究会超越自己，成为更优秀的自己。

不妥协

曼文和他爸爸的关系不好。这是我在给曼文辅导功课的时候知道的，在这个过程中，我发现他对妈妈也经常大声呵斥，他的家长总在小心翼翼地和他讲话，这让我很痛心。我和曼文接触一段时间后，从我们的互动关系中感觉到他对我的信任和认可。我开始给他留"作业"——做家务打扫卫生。也是在后来，曼文惊奇地说："看着自己收拾干净的一切，很开心。"我给他讲："我最喜欢的学生并不一定是成绩好的，而是尊重自己父母的。"再之后，他和父母的关系比之前好了很多。

因为这件事，曼文的家人觉得我很神奇，总跟朋友说，我和孩子聊了聊，孩子就变了。

在我们的生活经历中，我们有时候把别人讲述的神奇的人和事编排进自己内心"认为"的剧本中，其实我们不曾了解对方，因而无从知晓什么是"真的"，但我们在他人身上看到幻想，这可以缓解我们当前内心的焦虑，我们便承认这是"真的"。

曼文爸爸的一个朋友找到我说："老师，你和孩子聊聊，孩子成天抱着手机，我们一说他就急。"

我对他说："聊一次，孩子就不玩手机，那绝对不现实。"

我知道，他想象着，我和孩子聊上一次，孩子就会发生惊天的变化。

可我们不知道的是，操之过急或分寸不当的谈话，只能让对方心生厌恶。接触过太多的学生之后，我明白，当一个人不接受你，对你没有信服感甚至有抵触感时，你越是给他说教、讲道理，越能激发出他对你的厌烦感和排斥感。教育一个人是在获得他的信任的基础上进行的，若没有这个前提，是不会有什么效果的。

他又接着说："曼文跟你学习后变化很大。"我知道他想表达什么。我说："咱们定个时间，你带孩子过来，我和孩子先彼此了解一下。"

几天后，他带孩子找到我。我记得，这孩子坐在椅子上就像被审讯的犯人一样，平淡冷漠的表情里带着一丝凉薄。

我拍了一下他的肩膀，说："叫什么名字？"

"吴冰。"他回。

我知道，我必须以一种巧妙的方式来解决问题，用同理心代替讲道理，用他能接受的方式解决他的困难。

我不断发问，"平时喜欢什么？""你数学成绩好吗？""我平时也喜欢玩电子之类的。你呢？""在学校你最喜欢什么运动？"……他都是以"没有""嗯"之类的话来回应。

每当遇到这种无法打开话匣子的局面都会让我感到恐慌，最后，我都在心里告诉自己是沟通还不到位，急不得。

在他告别的时候，我发现，他的表情依然冷漠。

我遇到很多类似的孩子，通过了解他们的成长经历，发现他们存在很多相似之处，一是孩子是家庭的一切，要什么都给，做什么都不过分，最后发现要的东西给不了，爱就变成了恨；二是没有对错，没有规则，没有底线，孩子开心的事，家长尽其所能满足；错误理解自由、平等，自由、平等是让孩子拥有话语权、参与权，而不是颐指气使、目无尊长，更有甚者，父母和孩子称兄道弟以彰显他们的"平等"关系，却使孩子没了敬畏心。

孩子们其实很聪明，他们通过试探就清楚家里哪几个长辈的话可不必理会，遇到有威严的就会立刻收敛。孩子一进，家长就得一退，这个过程，规则就被破坏了，权威也就没有了。

晚上，我把我的想法告诉了吴冰爸爸：我现在和孩子建立信任关系比较困难，比较好的办法是在你们家庭中选一个他依赖和信任的人，和吴冰制定一个关于手机问题的规则，关于这个规则，我特别强调，一是一定让吴冰参与进来；二是玩手机的时候尽量把时间压缩到某一天或某两天，玩久一点不要紧，切记不要每天都玩一小段时间，连续就会上瘾；三是要考虑他没有怨愤不平，没有因委屈而痛苦压抑。

几天后，我从吴冰爸爸那得知：他和吴冰约法三章，手机不能每天都玩，周末的下午一点到六点，手机放在吴冰那，孩子同意并签字摁了手印。

想要让孩子养成好的规矩和习惯，做法其实很简单，就是言出必行，而且态度要严厉坚决。如果为了让孩子开心一下，不遵守规则或改来改去，那就是妥协。一旦对孩子制定了规矩，就要想办法让孩子遵从，不然何必大费周章地设下种种限制，却在孩子挑战父母的底线与威信之后弃之一旁。

过了一段时间，吴冰爸爸对我说："孩子晚上显得很烦躁，想周三晚上玩半小时手机，孩子妈妈看着孩子烦躁的样子想答应，我没同意，这不征求一下你的意见。"一下子我就明白吴冰为什么是之前的样子了。

听完他的话，我说："制定好的规则不要改来改去，不要妥协，有些东西不是孩子喜欢不喜欢的事，是他应该做的事。既然吴冰和你达成规则，他是信任你的，你看着孩子烦躁，你可以带他去楼下散步聊天。"

他听了我的建议，说："不妥协！"

后来，曼文爸爸给我带来消息：晚上，吴冰和他爸爸经常下楼散步。其实，这孩子从小就对他爸爸有那种仰慕的心情，这不经常一起下楼散步，时间长了玩到一起了，就跟吴冰讲道理，是那种男人间谈话的口吻，然后吴冰就能听进去了，现在手机都不怎么玩了。

我笑着说："对孩子最好的引导，其实还是父母。"

爱孩子，若以错误的方式爱着，孩子即便当时快乐，终究也得不到真正的快乐。若爱是对的，孩子最终会看见父母所做的一切，终究会心有所感。

倒着想

多年来，我常听到一句话，如果我孩子也能那么听话，我也就不用天天唠叨；如果我孩子也能考第一名，我就不天天盯着他学习。

在这里，好像存在一个逻辑，孩子听话了就不用唠叨，考第一名了就不用盯着学习。倒着想就是，不唠叨了孩子就听话了，不盯着学习了孩子就能考好了。

我想表达的不是对孩子不管不问。随着孩子慢慢长大，家长要关心了解孩子的生活状态，从生活细节去留意孩子的情绪，而不是采取紧迫盯人的严格教养的方式，要相信孩子能学会独立。因为，他们最终有一天会离开家长。

现实中，好多家长竭尽全力把孩子培养成人才，每天盯着孩子，又小心翼翼地和孩子讲话，生怕什么事惹他们不高兴。家长们累又迷茫着。

当我们身处羁绊与疲惫之时，如果问题能倒过来想想，有些事反而也就解决了。

颠倒过来想问题，有时候也是一种方法，其实，倒过来思考有利于理解事物的本质。倒着想真的很奇妙，可许多家长想不到或者不敢，原因就是习惯于单向思维，按照固有的认知框架定向推演，总害怕不盯着孩子会变得更糟糕，结果呢，费尽了力气，又走向了死胡同。

智慧的家长，之所以不累，可能是因为他们倒着想，反着想，相信孩子，不唠叨，不抱怨，孩子就自然健康地成才了。

家长，别再那么累

放学后，我都会去田地里帮父母干农活，又累又热，但我并没有逃避和厌烦，反而心里特得劲，我知道，我多干一点父母就会少干一点。

小学时，有一次，田间除草。

我发现两棵与其他不一样的玉米秸秆，这两棵显得瘦弱，干干瘪瘪的。

我说："这棒子秸怎么了？"

母亲看了看，然后淡淡地说："施肥多了，烧苗了。拔掉扔了吧，它长不出棒子了。"

这时，我忽然想到，上次我和父亲来给玉米施肥，在施肥前，父亲还专门交代一定先除草，因为父亲说："杂草会抢去玉米的肥料。"在施肥的过程中，父亲中途去地头喝水了，我以为施的肥越多玉米就会长得好、结得多，我便又偷偷地给这两棵玉米加了两倍的量，然后再小心地给玉米的根部培好土。

我有些不好意思地"嗯"了一声。

我知道，母亲已经知道了造成玉米烧苗的罪魁祸首是我，她只是没说。

母亲又说："肥料上多了，产量并不会长，反而会减产。这样一来，肥料花了不少钱，棒子又卖不了几个钱，最后就只能赔钱了。"

母亲没有上过学，也没有什么文化，她讲的道理都离不开一亩三分地，但很真实。

当我敲打每个字时，我才发觉，父母如此智慧：尊重庄稼生长发育规律，按时播种，把种子埋进土地里，按时施肥灌溉，然后不急不躁，慢慢地等着收获。

周末早上，在一个路口，红灯亮了，我们只好停下。

我看到坐在电动车后座上的孩子们，我发现他们有着同样的特征，脸上没有笑容，我不知道是不是因为没睡够，脸上肌肉还没有放松，无法浮现笑容，还是因为别的。这些孩子们，成绩好点，得要辅导，因为成绩不能掉下来；成绩不好，更要辅导，因为要抓紧补起来。

我也看到这些孩子们的父母的脸上也有同样的特征，脸上惆怅焦急，在熙熙攘攘的人群中，竟看不到几张笑脸，再明朗的早晨，也因此蒙上一层灰暗的色调。

支撑孩子生命的元素是满满当当的"学习"，没有嬉戏打闹的时间，没有亲近大自然的机会，也没了走亲访友的体验……

绿灯亮了，汇集在这里的人们开始分流，他们要去这座城市各个地方的辅导班，补英语、学奥数、学写作、练钢琴……

那一张张刚睡醒的脸即使在阳光灿烂的早上，也泛不起一丝笑意，如同肥料上多了的玉米，干干瘪瘪的。

此刻，我特别想说，家长，别再那么累。

遇见

缘分是不用解释的。

遇见，

就阐述了缘分的意义。

我们与他们在相互作用中，

彼此之间深深地理解着，

美好又幸福。

附录

我的学习感悟

人的脆弱和坚强都超乎了自己的想象。有时，我们可能会因为学习实践过程中的一次失利而泪流满面；有时，我们也发现自己咬着牙走过了一段很长的学习实践之路。

——写在前面

时至今日，已在校园里度过了 19 年的学习时光，我在学习中成长，亦在成长中学习。学习于我而言，既是接受教育，也是内在需求。

在我的印象中，最早出现学习意识的阶段是小学，布满桌椅的一方教室与外面的广阔天地形成了鲜明对比。35—45分钟的一节课，走神是常态，桌子上的一支铅笔，窗外飞过的一只鸟，都能把我带离课堂，那时的我注意力不集中且贪玩。但是，因为班主任和父亲的严厉管教，我能够比较认真地完成作业，再加上托管班的课后监督，我的成绩一直相对不错，是别人眼中听话的好孩子，但是在家里经常因为作业出错或者贪玩而遭到训斥，所以看似主动的学习，其实有着被动的原因。

从小的严格管教有利也有弊，纠正了我很多坏习惯，却也让我少了一些自信。由于父母忙于工作，却又非常重视我的教育，所以为我安排了大量的兴趣班，有艺术类的，例如舞蹈、电子琴等，也有文化知识类的，例如外语、奥数、作文等，能够占用周末三分之二的时间，大部分的课程现在回忆起来仍然觉得非常有趣，并且对我有所提升。一方面，极大地拓宽了我的视野，例如参加的英语外教课程，使得我很早就认识到了英语沟通的重要性以及不同国家的文化特色，奥数班帮助我拓宽了思维，而不再是每天拘泥于乘法口诀之类的固定模式；另一方面，兴趣是我最好的老师，走进各种课堂接受不同文化的熏陶，感受更加轻松愉快的学习氛围，得到老师的关注，结交有相同爱好的朋友，比起一天到晚抱着电视机看更加有趣。当然，过程也并非完美，我也会有不喜欢的课程或者想偷懒的时候，也曾为此表示抗议或者在课堂上浑水摸鱼，在这一方面，年少的我缺乏心理上的疏导和引导。

而后的小升初考试、中考以及高考，是我面临的一次次重大考试，受身边的"分数论"影响，我很早就意识到考试会改变我的生活，因此也会很重视试卷上的分数，我会主动从网站上、书店里搜集学习资料，让自己具备更强的竞争力，我现在仍然很欣赏这种主观能动性，但也很遗憾对自己施加了太大的压力。过度地关注考试结果，导致我一直处于紧绷的状态，不断为了考试而学习，我会因为考试失利而崩溃大哭，也会因为取得好成绩而喜极而泣。为了争取更大的进步，我会做大量的重复的练习来提升应试技巧，这样的弊端是，我缺少对知识本身的好奇与思考，也失去了一些学习的乐趣。因为学业紧张，从初中开始我的课外辅导大幅减少，更多的是辅助我在学校的学习，预习课本新知识以及解决我不擅长的难题，在和老师一对一交流的过程中，我受到了一些老师很好的启发，也让我对一些学科产生了浓厚的兴趣并进步飞速，例如我的数学科目，兴趣与学习相辅相成。但是在个别学科上仍然缺乏灵活变通。

大学本科、研究生的经历使我对学习又有了新的认识。在学习上我有了选择权，可以选择学与不学，可以自由分配自己的精力，可以为自己制定一个目标并通过学习来实现。学习不再是一个阶段的硬性任务，也不局限在读书、听课上，可以参加一场讲座、与同学老师交流、发展自己的兴趣爱好，等等，能够提升自己的过程都是在学习，我第一次意识到，学习是自由的，很多时候我不再去考虑学习有什么功利性的用处，而是关注自己内心的成长。

但是好景不长，我迎来了期末考试、英语四六级考试、教师资格考试、研究生入学考试，等等，又要重拾当年在考场上"厮杀"的记忆，但这次不一样，是我自己选择的考场，没有人在前方指挥作战，在身边并肩作战的也寥寥无几。学习的难度明显升级，我在自主学习的同时也承受了更多的困难与崩溃。研究生考试是我人生道路上为数不多取得胜利的考试，放下了过去紧绷着的状态以后，我在考场上也终于不再掉链子了。我选择了喜欢的专业和学校，在自己所学的专业领域里更加深入地探索，严谨地对待学术，谦虚地向他人请教，充分地运用学习资源，在学习这条路上我越发自立自强。同时，我发现保持情绪上的稳定与适当的松弛，不过分计较得与失，反而会有更多意外的收获。

如今我研究生学业即将结束，再次走向人生的分岔路口，回首走过的学习实践之路，在不同的人生阶段，我有了新的认知，学习不仅在于一朝一夕，要终身学习，才能在时代的洪流中勇毅前进。学习是为了什么？那些曾经烂熟于心的知识点会渐渐随风散去，那散不去的，应当是我面对未来的底气：一切过往，皆为序章。

中国传媒大学数据科学与智能媒体学院　邵萍

我和徐老师的故事

初三那年，由于贪玩，我的各科成绩都一落千丈，尤其是数学。那段时间，老师和家人都为我焦急万分。

妈妈开始疯狂地为我寻找课外辅导老师，一向排斥课外辅导的我当然不能接受，结果都被我以各种理由拒绝，有的老师甚至一面都没见过。面对我的挑剔，妈妈显得既无奈又无助。看到妈妈这个样子，我心里不免充满了自责和心疼。这件事情也告一段落，有一段时间妈妈没有再跟我提及课外辅导的事。直到有一天，我们在一次愉快的聊天之后，妈妈试探地问我："我找到了一位你心目中想要的那样的老师，你愿意去见见吗？"看着妈妈期待而又疲惫的眼神我不情愿地点了点头。

周末一早妈妈就把我叫了起来，说老师很忙，我们早到一会儿。我心里虽有一万个不情愿，却也乖乖地跟着妈妈走了。初见老师，第一印象就是干练、严肃。老师做了简单的介绍后就示意妈妈在外面等一下，他要单独和我聊一聊。令我没有想到的是，这位老师并不像之前的老师那样，开篇就问成绩，然后各种测试、讲题。而是从轻松话题开始慢慢地把我带入了神奇的数学世界，又聊到了考试前心理调整等问题，我听得如痴如醉，从来没有一个老师能有这般神奇的力量，我完全信服了！他就是我的徐老师！不知不觉中已经过去了一个多小时，徐老师说我们聊得很愉快，已经超出了预计的时间。我居然意犹未尽，很不情愿地走出房间。第一眼看到在外面等候已久的妈妈的时候就使劲地点着头，不住地说："行！妈妈，这个老师行！"

后来我才知道，当时妈妈费了很大劲才为我争取到跟徐老师见面的机会，而这来之不易的机会竟然差点被我的轻率浪费掉。我如愿约上了徐老师的课，每节课我都如饥似渴地吸收着徐老师为我量身定做的养分，几个月后的中考，我也以优异的成绩考上了心仪的高中。三年高中，我把徐老师教给我的学习方法用在各科的学习中，让我有了事半功倍的学习效果。我喜欢这种亦师亦友的师生关系和这种因材施教、不拘一格的教学方式，我敬重徐老师对教育事业的热爱和奉献，以及对教学一丝不苟的精神。

英国伦敦大学　刘新宇

育儿路上一盏灯

徐老师是一位研究学习方法的专家介绍给我的。那是一个冬天，当时我女儿上初三，数学学习遇到了困难，急需一对一解决问题。初次印象徐老师气质儒雅、清冷，简单交流孩子的情况，感觉这个年轻人思路清晰，方法务实。于是从那开始直到孩子初三毕业，徐老师每周一课。寒假需要提前预约，主要是希望得到徐老师面授的孩子太多，稍微晚一些就无法安排。

女儿受教于徐老师一年半的时间，学习能力和兴趣显著提高。女儿一直说跟徐老师学习没有压迫感，很轻松就把知识点掌握了。我简单归纳为以下几点：首先，老师能够根据学生的实际水平，从情感上理解学生，发自内心地认可和鼓励，从而产生共鸣，让孩子喜欢上数学；其次，学习方法与考试方法的传授。女儿说通过学习最大的收获是养成站在上帝的视角看待问题、处理问题的习惯。徐老师认为学习是个慢过程，有阶段性，没有脚踏实地的练习过程，不会有质的飞跃。正如木心先生所言，如果顿悟不置于渐悟中，顿悟之后恐有顿迷来。

　　作为面临孩子中考的家长，谁会没有焦虑呢？每次课后跟徐老师简短地交流，一定程度上缓解了我情绪上的紧张与烦躁，他认为学生目前的成绩重要，更重要的是要具备终身学习的能力和习惯，他本人在教学的同时考取了国家二级心理咨询师，同时就多年的教学经验进行了归纳与整理，希望帮助到更多的孩子与焦虑的家长。

　　相信很多养育过孩子的家长都有过这样的困惑，为什么陪伴孩子成长的每个阶段，尽心尽力地筛选学校、努力陪伴，却达不到期望中的效果，家长也身心疲惫？这一点我深有体会。女儿义务教育小学阶段成绩不错，文体表现出众。初中幸运地进入了当地一所有名的初中，作为家长，我也是两眼紧盯重点高中，忽略了孩子自身的爱好和特点，为了达到更好的学习效果，各种辅导班及一对一占满了孩子的业余时间，三年下来，结果却令人失望。我反复回顾自己的育儿过程，痛定思痛，其间与徐老师也有过交流，最终认为是家长的认知有限，对于孩子的成长缺乏整体的设计，没能客观地认识孩子。其实，各行各业天赋都比勤奋更重要，因材施教才能事半功倍。没有一个放之四海而皆准的固定模式，教育是一种顺应人性的引导，让孩子接受教育不是为了其考上名校，考上名校只能证明他会读书，接受教育是为了让孩子拥有不畏惧变化的底气，具备遇到问题知道权衡利弊，选择最优解的能力。女儿现在上大二，学着自己喜欢的专业，成绩排名年级前列。

很多掌握了高级学习方法和育人方法的人，并没有时间或者意愿把他们的心得透露给更多人，幸运的是，徐老师愿意！徐老师写作《家长，别那么累》这本书，在我看来就是一位教育工作者为培养孩子过程中焦虑的家长打造的一个解锁神器，因为只有那些热衷于研究学习方法，并且长时间持续钻研的教育工作者，才会有高质量的输出。

所以，就让我们一起跟随徐老师的指引，在培养孩子的道路上，提高认知，高质量地陪孩子成长。

张琳婕妈妈